Astrologie

*Ein Leitfaden für Anfänger in
der astrologischen Weisheit*

Inhaltsübersicht

Einführung

Während seiner Umlaufbahn erscheint und verschwindet der Mond an unserem Himmel. Manchmal steckt er seinen Kopf durch dichte Wolken, und ein anderes Mal ist er der Star der Show in einer klaren, wolkenlosen Nacht. Gelegentlich ist er sogar tagsüber zu sehen, wenn das Sonnenlicht im richtigen Winkel auf ihn trifft, und seine Anwesenheit verleiht unserem Alltag einen Hauch von Magie. Mit ihr steigen und fallen die Gezeiten, dringen langsam an unsere Strände und Küsten vor und ziehen sich wieder zurück. Urlauber beobachten, wie sich das Wasser dem Ort nähert, an dem sie ihre Sonnenschirme und Handtücher aufgestellt haben, während die Fischer ihren Tag danach planen, wann die Gezeiten für sie am günstigsten sind. Die Gewässer unserer Erde sind unter ihrer Kontrolle, und sie ist eine wunderbare Kommandantin.

Die ständige Umlaufbahn des Mondes um unseren Planeten wirkt sich auch auf die menschliche Bevölkerung aus. Jeder Arzt wird Ihnen sagen, dass es bei Vollmond mehr Unfälle und Verletzungen gibt, und auch die Patienten sind zu dieser Zeit in der Regel unruhiger. Es gibt mehr Gewaltverbrechen und seltsames Verhalten, neben anderen Dingen. Unsere Welt wird zu einem gefährlicheren Ort, je nachdem, wo der Mond in seinem Zyklus steht. Eine Studie aus dem Jahr 2013 hat gezeigt, dass die Menschen bei Vollmond 30 Prozent weniger Tiefschlaf haben, was teilweise für diese Vorkommnisse verantwortlich sein könnte, aber die moderne Wissenschaft kann uns noch keine vollständige Erklärung liefern. Wir wissen auch, dass es bei Sonnenereignissen zu einer Häufung bestimmter Ereignisse kommt, darunter Herzinfarkte, Selbstmorde, Schlaganfälle und psychotische Episoden.

Wenn wir wissen, dass Mond und Sonne unser tägliches Leben beeinflussen, ist es dann so abwegig zu glauben, dass andere Himmelskörper uns beeinflussen könnten? Die Umlaufbahn unseres Planeten und die Umlaufbahnen der anderen Planeten im Sonnensystem halten sich gegenseitig im Gleichgewicht und schaffen einen einzigartigen Frieden, der Millionen von Jahren gebraucht hat, um zustande zu kommen; wer kann also sagen, dass Jupiters Position am Himmel die Ereignisse und Geschehnisse hier auf der Erde nicht verändert?

Astrologie wird definiert als "das Studium der Bewegungen und Positionen von Sonne, Mond, Planeten und Sternen in dem Glauben, dass sie den Charakter und das Leben der Menschen beeinflussen". Astrologen verwenden präzise mathematische und astronomische Methoden, um vorherzusagen, was auf der Erde passieren wird, und sie können sogar anhand der Position der Planeten und Sterne zum Zeitpunkt der Geburt viel über die Persönlichkeit eines Menschen aussagen. Mit ein wenig Studium, Lektüre und Aufgeschlossenheit können auch Sie die Geheimnisse des Universums lüften und sie zu Ihrem Vorteil nutzen.

Wann ist der beste Zeitpunkt, um ein neues Unternehmen zu gründen? Wann ist der beste Zeitpunkt, um die Dating-App, die Sie aufgegeben haben, erneut herunterzuladen? Wann sollten Sie Ihren Urlaub planen und wann sollten Sie die Ärmel hochkrempeln und etwas arbeiten? Ob Sie es glauben oder nicht, die Astrologie kann Ihnen bei all diesen Fragen und mehr helfen. Dieses Buch soll Sie durch die Grundlagen der Astrologie führen und Ihnen beibringen, wie Sie die rudimentären Ideen der Astrologie in Ihr tägliches Leben integrieren können, während es Sie gleichzeitig auf tiefergehende Studien vorbereitet, sollten Sie sich dafür entscheiden. In diesem Leitfaden für Einsteiger lernen Sie unter anderem Folgendes:

- Die Geschichte und die Ursprünge der Astrologie

- Die 12 Tierkreiszeichen und die mit ihnen verbundenen Eigenschaften

- Weitere Plazierungen wie Mond, Aufgang und Lilith

- Wie Sie anhand astrologischer Platzierungen Ihre Kompatibilität mit anderen bestimmen können

- Definieren Sie Planetenbewegungen wie Rückläufigkeiten und Rückkehrer

- Wie die Planetenbewegungen Ihr tägliches Leben beeinflussen können

- Wie Sie die Astrologie zu Ihrem Vorteil nutzen können

Mit diesem Wissen werden Sie über eine solide Informationsbasis verfügen, die es Ihnen ermöglicht, *jedes* Astrologiebuch mit Leichtigkeit in die Hand zu nehmen und zu verstehen. Sie werden auch darauf vorbereitet sein, die grundlegenden Konzepte in Ihre tägliche Routine einzubauen, so dass Sie nicht zu lange warten müssen, bis Sie sehen, wie sich Ihre Beziehungen und Ihr Leben verbessern! Den ersten Schritt in die Astrologie zu wagen, ist äußerst aufregend, und ich kann es kaum erwarten, zu sehen, was Sie erreichen!

Kapitel 1: Die Grundlagen

Was ist Astrologie?

Kurz gesagt, Astrologie ist das Studium der Bewegung mehrerer Himmelskörper wie Sonne, Mond, Planeten, Sterne und sogar Asteroiden, in der Hoffnung zu erfahren, wie ihre Positionierung mit unserer Persönlichkeit und den Ereignissen unseres täglichen Lebens zusammenhängt. Die Astrologie wird auch zur Wahrsagerei verwendet, d. h. zur Vorhersage der Zukunft. Viele Menschen nutzen die Astrologie, um die romantische Kompatibilität mit einer Person zu bestimmen, das Ergebnis einer großen Entscheidung (z. B. einer beruflichen Veränderung) und vieles mehr. Auch wenn wir einige Astrologien aus anderen Kulturen behandeln werden, konzentrieren wir uns hauptsächlich auf die so genannte "westliche Astrologie". Diese Form der Astrologie konzentriert sich auf die 12 Tierkreiszeichen: Widder, Stier, Zwillinge, Krebs, Löwe, Jungfrau, Waage, Skorpion, Schütze, Steinbock, Wassermann und Fische.

Wenn Menschen sagen, dass sie zu einem dieser 12 Zeichen gehören, z. B. "Ich bin Löwe" oder "Ich bin Steinbock", beziehen sie sich auf ihr Sonnenzeichen. Das bedeutet, dass die Sonne in dem Bereich des Himmels steht, der von dem jeweiligen Zeichen beherrscht wird. Im Laufe der Zeit begannen viele Menschen, nur ihr Sonnenzeichen zu verwenden, da dieses Zeichen als das "wahre" Selbst angesehen wird, aber die meisten Astrologen werden zustimmen, dass dies eine stark vereinfachte Version der westlichen Astrologie ist. Um ein vollständiges Bild von der Persönlichkeit einer Person zu erhalten, muss man auch die Stellung der anderen Planeten zum Zeitpunkt ihrer Geburt betrachten, was uns das gibt, was wir als "astrologisches Horoskop" oder "Geburtshoroskop" bezeichnen. Anhand dieses Horoskops kann ein Astrologe detaillierte Vorhersagen über viele Bereiche des Lebens einer Person machen.

In der westlichen Astrologie gibt es einige verschiedene Formen der Interpretation, die alle ein anderes Ziel verfolgen:

- **Weltliche Astrologie**: Wussten Sie, dass es *auch für* Ereignisse, Erfindungen und Katastrophen eine Astrologie gibt? Mit dieser Form der Astrologie versuchen die Menschen, den Ausgang bestimmter Ereignisse vorherzusagen, Naturkatastrophen vorherzusehen und vieles mehr.

- **Befragungs-Astrologie**: Durch diese Form der Astrologie kann jemand Antworten auf bestimmte Fragen suchen, die er über sein eigenes Leben oder das Leben anderer hat. Sie kann sich auch auf Ereignisse im Leben einer Person konzentrieren, ähnlich wie die weltliche Astrologie, aber in einem kleineren Rahmen.

- **Natale Astrologie**: Dies ist die Form der Astrologie, mit der die meisten Menschen vertraut sind und auf die wir in diesem Buch am meisten eingehen werden. Diese Form konzentriert sich auf das Geburtshoroskop eines Individuums und verwendet das "Gesetz des Anfangs", d.h. die Idee, dass alles, was mit einer Sache geschieht, während ihres Beginns bestimmt wird. Hier angewandt bedeutet das, dass das Leben eines Menschen in der Sternenkarte zu sehen ist, als er geboren wurde.

Astrologie vs. Astronomie

Obwohl sich diese beiden Begriffe in Schreibweise und Aussprache ähneln, haben sie *sehr* unterschiedliche Bedeutungen. Astrologie" bezieht sich auf das Studium der Positionen der Planeten, um die Persönlichkeit einer Person, ihre Zukunft oder andere Details ihres Lebens vorherzusagen. Astronomie" hingegen bezieht sich auf die umfassende Erforschung des Weltraums. Astronomen versuchen, mehr über Sterne, Sonnensysteme und das Universum als Ganzes zu erfahren, und in der Regel gibt es keine göttlichen oder spirituellen Qualitäten in dieser Studie.

Diese beiden Bereiche wurden jedoch *erst* in der jüngsten Geschichte voneinander getrennt. Erst in den späten 1600er Jahren, als Isaac Newton Theorien über die Bewegung der Planeten aufstellte, kam es zu einer Trennung in der Art und Weise, wie wir den Weltraum studieren, und wir benutzten verschiedene Wörter, um diese Studien zu beschreiben. Heutzutage scheinen die Menschen Astronomie und Astrologie gegeneinander auszuspielen. Sie sehen es als eine Angelegenheit von "Religion gegen Wissenschaft" und verspotten Astrologen für ihre Vorhersagen. Doch wie in vielen anderen Bereichen auch, haben sich die beiden Studien über weite Strecken der Geschichte gegenseitig unterstützt. Die Astronomie, wie wir sie kennen, gäbe es nicht, wenn die Astrologen nicht auf bessere Technologie, Wissenschaft und Mathematik gedrängt hätten, um die Sterne besser lesen zu können und zu verstehen, was ihre Bewegung für uns auf der Erde bedeutet. Auch heute noch sind die besten Astrologen diejenigen, die ein tiefes Verständnis der Astronomie haben und wissen, wie man die Bewegungen der Planeten interpretiert.

Die Geschichte der Astrologie

Obwohl die moderne Forschung die Tatsache bestätigt hat, dass die Himmelskörper einen Einfluss auf unsere Gesellschaft haben, ist die Astrologie eine uralte Kunst. Sie werden vielleicht schockiert sein, wenn Sie hören, dass es die Astrologie schon seit fast 4.000 Jahren gibt, während die Zivilisation, wie wir sie kennen, erst seit etwa 6.000 Jahren existiert. Das bedeutet, dass es die Astrologie schon fast so lange gibt, wie wir Landwirtschaft betreiben, schreiben und Häuser bauen! Lange bevor wir in der Lage waren, die Konzepte der Astrologie wissenschaftlich zu bestätigen, wussten unsere Vorfahren, dass die Bewegung der Sterne und Planeten eine Macht haben *musste*, und sie versuchten, *genau* zu definieren, was diese Macht war; aber woher wussten sie angesichts begrenzter Technologie, wonach sie bei ihrer Suche suchen sollten? Welche Zivilisation entdeckte diese lebensverändernde Weisheit, und wie verbreitete sie sich über den ganzen Globus? Unterscheidete sich die Astrologie von Kultur zu Kultur? Und wie hat sich die Astrologie im Laufe der Zeit verändert, wenn *überhaupt*?

Um diese Fragen zu beantworten, gehen wir etwa 4.000 Jahre zurück in die Zeit des Babylonischen Reiches.

Das Babylonische Reich

Im heutigen Irak, im zweiten Jahrtausend v. Chr., war die Zivilisation von Babylon der Mittelpunkt des menschlichen Lebens in diesem Teil der Welt. Es war die Hauptstadt von Babylonien, und das Leben pulsierte dort. Die Menschen waren in der Landwirtschaft, der Viehzucht und der Bewässerung so geübt, dass sie sich auf einige der feineren Details des Lebens konzentrieren konnten, z. B. auf die Schrift und die Kunst. Hier befanden sich auch die mythischen "Hängenden Gärten", die so mystisch und ehrfurchtgebietend beschrieben wurden, dass sich moderne Historiker fragen, ob sie überhaupt *real* waren. Einige glauben, dass er von dem biblischen König Nebukadnezzer II. erbaut wurde, andere wiederum halten ihn für eine Legende. Die alten Babylonier übernahmen auch eine Reihe von Geschichten, die von ihren nomadischen Vorfahren stammten: die Erzählungen über "Sternbilder", die Bilder, die die Menschen am Himmel sahen. Fast alle Zivilisationen hatten ihre eigenen Vorstellungen davon, welche Menschen, Tiere und Fabelwesen in den Sternen existierten, aber die Babylonier waren die ersten, die ihnen konkrete Definitionen gaben und sie niederschrieben. Ihrer Phantasie und ihrem Einfallsreichtum verdanken wir die 12 Tierkreiszeichen.

Die Babylonier waren Experten der Trigonometrie und entwickelten sogar eine Methode zur Verfolgung der Jupiterbewegungen, die Astronomen noch heute anwenden. Wir nutzen auch immer noch ihre Techniken, um die Zeit zu verfolgen und zu untersuchen, wie sich die Erdrotation seit den Tagen ihres Reiches verändert hat.

Durch Reisen, Handel und den Lauf der Zeit gelangten diese Konzepte schließlich zu den alten Ägyptern. Wie Sie vielleicht bereits wissen, sind die Ägypter berühmt für ihre präzise Mathematik und die Bedeutung, die sie der Sonne, den Sternen und anderen Himmelskörpern beimaßen. Sie entwickelten die Ideen der Babylonier weiter und schufen ein detailliertes astrologisches System, die so genannte "horoskopische Astrologie", die eine visuelle Darstellung der

Positionen der Sterne verwendet, um aufzuzeigen, wo sie sich zu einem bestimmten Zeitpunkt am Himmel befinden. Wir verwenden die horoskopische Astrologie auch heute noch, und wir müssen den Ägyptern dafür danken, aber sie waren nicht diejenigen, die das System auf der ganzen Welt verbreiteten. Die Zivilisation, die für diese enorme Aufgabe verantwortlich war, waren die Griechen.

Das antike Griechenland

Bei seiner Eroberung Asiens, die ihn durch Syrien, Persien, Zentralasien und Babylon führte, erbeutete Alexander der Große viele der von den Astrologen verwendeten Aufzeichnungen und Technologien. Es dauerte nicht lange, bis sie zu einem festen Bestandteil des griechischen Lebens wurden. Sie übersetzten die Keilschrift, die Schrift der Babylonier, ins Griechische, und mit den Übersetzungen kam das gesamte Wissen und die Weisheit des babylonischen Volkes. Mit dem Transfer von Literatur kamen auch einige Leute, die bereit waren, die Griechen über Astrologie aufzuklären, wie z. B. Berossus, ein Priester des Bel aus Babylon. Etwa um 280 v. Chr. begann Berossus, die griechische Öffentlichkeit in Astrologie und einigen anderen Teilen der babylonischen Kultur zu unterrichten.

Der griechische Astronom, Astrologe und Mathematiker Ptolemäus veröffentlichte ein Werk mit dem Titel "Tetrabiblos", das die westliche Sicht der Astrologie von diesem Zeitpunkt an festigte. Wenn Sie jemals die Gelegenheit haben, dieses Buch zu lesen, werden Sie feststellen, dass die meisten Details unverändert geblieben sind, wie wir die

Astrologie in unserer modernen Welt sehen. Es gab jedoch eine Reihe von Details über seine Sicht des Universums, die im Laufe der Zeit korrigiert wurden. So dachte Ptolemäus beispielsweise, dass der Mars wegen seiner Nähe zur Sonne so trocken sei, und nahm an, dass er der sonnennächste Planet sei und nicht Merkur. Doch trotz seiner Fehler war Ptolemäus ein angesehener Wissenschaftler, der sein Fachgebiet mit analytischem Blick betrachtete, und seine Arbeit wird immer noch sehr geschätzt.

Ptolemäus war nicht der einzige griechische Schriftsteller, der zur Entstehung des Tierkreises, wie wir ihn kennen, beigetragen hat. Dorotheus, der Verfasser des Pentateuch, *wird* ebenfalls als Begründer der modernen Astrologie angesehen. Wir haben Zugang zu diesem Buch vor allem durch eine arabische Übersetzung, die ungefähr um 800 n. Chr. entstanden ist, und das Werk ist immer noch weitgehend fragmentiert und möglicherweise durch Übersetzer verfälscht, aber wir wissen, dass das Werk zu seiner Zeit *äußerst* einflussreich war und künftige Astrologen aus vielen Bereichen des Lebens beeinflusst hat.

Das Mittelalter

Im Mittelalter, vor allem in Europa, wurde die Astrologie zusammen mit der Medizin eingesetzt und diente oft als Mittel zur Behandlung verschiedener Krankheiten. Jedes Tierkreiszeichen wurde mit einem bestimmten Körperteil in Verbindung gebracht, und je nach Jahreszeit wurde an diesem Körperteil ein Aderlass durchgeführt. Zum Beispiel wurden die Fische mit den Füßen in Verbindung gebracht, so dass eine

Person, die während der Fische-Saison erkrankte, den Aderlass an ihren Fußsohlen und Zehen durchführen ließ! Oder der Aderlass richtete sich nach den Phasen des Mondes. So oder so, die Menschen des Mittelalters hatten ihre Augen genauso auf die Sterne gerichtet wie ihre Vorfahren. Diese körperlichen Assoziationen werden bis zu einem gewissen Grad auch heute noch verwendet, allerdings in weitaus geringerem Ausmaß.

Astrologie in verschiedenen Kulturen

Obwohl sich dieses Buch in erster Linie auf die so genannte "westliche Astrologie" konzentriert, hat die westliche Welt kein Monopol auf die Deutung der Sterne! In der Tat sahen fast alle frühen Zivilisationen Bilder in den Sternen und begannen, sie zu deuten, obwohl jede Bevölkerung andere Bilder sah und sie auf unterschiedliche Weise verstand. Dennoch können Sie eine Reihe von schockierenden Ähnlichkeiten feststellen! Es lohnt sich, sich mit einer Vielzahl verschiedener Astrologien vertraut zu machen, also lassen Sie uns einige aus der ganzen Welt erkunden.

Das chinesische Tierkreiszeichen

Während der westliche Tierkreis in Monate unterteilt ist (mit detaillierteren Lesungen, die bis auf den Tag und sogar die *Stunde gehen*), ist der chinesische Tierkreis in Jahre unterteilt. Jedes Jahr wird von einem der 12 Tiere regiert, die einer bestimmten Reihenfolge folgen; Ratte, Ochse, Tiger, Kaninchen, Drache, Schlange, Pferd, Schaf, Affe, Hahn, Hund und Schwein. Vergessen Sie nicht, dass der Zyklus auch dem chinesischen Neujahrsfest folgt, das ein wenig nach dem westlichen Neujahrsfest liegt, so dass diejenigen, die früh im Jahr geboren sind, unter Umständen in das Zeichen des Vorjahres fallen!

Die meisten Menschen sind zwar damit vertraut, wie ein Tier jedes Jahr regiert, aber sie wissen nicht, dass der chinesische Tierkreis auf der Grundlage des Monats, des Tages und sogar der *Stunde* Ihrer Geburt noch mehr ins Detail geht. Diese vier Zeitabschnitte werden als die "Säulen des Schicksals" bezeichnet, und von jedem wird gesagt, dass er einen bestimmten Bereich Ihres Lebens bestimmt. Der Herrscher Ihres Geburtsjahres bestimmt die Erwartungen der Gesellschaft an Sie, der Herrscher Ihres Geburtsmonats bestimmt Ihre Kindheit, der Herrscher Ihres Geburtstags bestimmt Ihr Eheleben und der Herrscher Ihrer Geburtsstunde bestimmt Ihre wahre Identität.

Das chinesische Tierkreiszeichen lautet wie folgt:

- **Ratte:** Die Ratte regiert die Jahre 1996, 2008 und 2020, sowie den Zeitraum vom 7. Dezember bis zum 5. Januar und die Stunden 23:00-00:59. Die Ratte steht für Wachsamkeit, Esprit und Flexibilität.

- **Ochse:** Der Ochse regiert die Jahre 1997, 2009 und 2021 sowie den Zeitraum vom 6. Januar bis zum 3. Februar und die Stunden 1:00-2:59. Ochsen sind ausdauernd, geradlinig und einfach.

- **Tiger:** Der Tiger regiert die Jahre 1998, 2010 und 2022, sowie den Zeitraum vom 4. Februar bis zum 5. März und die Stunden von 3:00 bis 4:59. Dieses Zeichen ist mutig und königlich, aber auch sehr grausam.

- **Hase:** Der Hase regiert die Jahre 1999, 2011 und 2023 sowie den Zeitraum vom 6. März bis zum 4. April und die Zeit von 5:00 bis 6:59 Uhr. Diejenigen, die im Zeichen des Hasen geboren sind, sind liebenswert, freundlich und schön, da dieses Zeichen mit der Mondgöttin verbunden ist.

- **Drache:** Der Drache regiert die Jahre 2000, 2012 und 2024 sowie den Zeitraum vom 5. April bis zum 4. Mai und die Stunden zwischen 7:00 und 8:59 Uhr. Der Drache ist in der chinesischen Kultur hoch angesehen und steht für Ehre, Erfolg und Autorität.

- **Schlange:** Die Schlange regiert die Jahre 2001, 2013 und 2025 sowie den Zeitraum vom 5. Mai bis zum 5. Juni und die Stunden 9:00-10:59. Die Schlange steht für Bösartigkeit, Geheimnisse und Weissagung.

- **Pferd:** Das Pferd regiert die Jahre 2002, 2014 und 2026 sowie den Zeitraum vom 6. Juni bis 6. Juli und die Stunden 11:00-12:59. Pferde werden mit Energie, Helligkeit und Intelligenz assoziiert.

- **Schaf:** Das Schaf (manchmal auch "die Ziege" genannt) regiert die Jahre 2003, 2015 und 2027 sowie den Zeitraum vom 7. Juli bis zum 6. August und die Stunden 13:00-14:59. Das Schaf ist sanft, ruhig und wird von vielen Menschen bevorzugt.

- **Affe:** Der Affe regiert die Jahre 2004, 2016 und 2028 sowie den Zeitraum vom 7. August bis zum 7. September und die Zeit von 15:00 bis 16:59 Uhr. Dieses Zeichen ist für seine Intelligenz und seinen Einfallsreichtum bekannt.

- **Hahn:** Der Hahn regiert die Jahre 2005, 2017 und 2029 sowie den Zeitraum vom 8. September bis zum 7. Oktober und die Zeit von 17:00 bis 18:59 Uhr. Der Hahn gilt als das zuverlässigste und vertrauenswürdigste der Zeichen, da man sich auf ihn als Wecker jeden Morgen verlassen kann.

- **Hund:** Der Hund regiert die Jahre 2006, 2018 und 2030 sowie die Zeitspanne vom 8. Oktober bis zum 6. November und die Stunden von 19:00 bis 20:59 Uhr. In der chinesischen Kultur gelten Hunde als gute Omen, so dass diejenigen, die unter diesem Zeichen geboren sind, unter welcher Säule sie auch immer stehen, ein großes Glück haben.

- **Schwein:** Das Schwein regiert die Jahre 2007, 2019 und 2031 sowie den Zeitraum vom 7. November bis zum 6. Dezember und die Zeit von 21:00-22:59 Uhr. Das Schwein gilt als faul und träge, aber es ist auch harmlos, gutmütig und kann ein Zeichen für Reichtum sein.

Der keltische Tierkreis

Die Kelten sind bekannt für ihre Verbundenheit mit der Natur, und so ist es nicht verwunderlich, dass ihr Tierkreis dem Mondzyklus folgt und jedem Menschen einen Baum zuordnet. Jedes Tierkreiszeichen ist mit vielen Tieren verbunden, die den Kelten entweder täglich begegnet sind oder in ihrer Mythologie vorkamen, wie z. B. Einhörner. Diese Astrologie steht auch in engem Zusammenhang mit der Religion der Druiden, die einen großen Teil des keltischen Lebens ausmachte und sich ebenfalls auf die natürliche Welt konzentriert. Der Fokus auf den Umweltschutz macht sie auch heute noch zu einem Favoriten von Aktivisten und Spiritualisten auf der ganzen Welt, insbesondere von solchen mit irischen Wurzeln, die sie als Mittel zur Verbindung mit ihrer Identität nutzen.

Der keltische Tierkreis, einschließlich der Bäume *und* Tiere, die jedem Zeichen zugeordnet sind, sieht folgendermaßen aus:

- **Birke (auch Steinadler und Weißwedelhirsch)**: 24. Dezember - 20. Januar. Die in diesem Zeichen Geborenen haben den Spitznamen "The Achiever" (der Erfüller) und sind für ihre großen Träume und Ambitionen bekannt. Sie sind geborene Anführer und oft sehr charmant.

- **Rowan (auch Kranich und Grüner Drache)**: 21. Januar - 17. Februar. Dieses Zeichen wird auch "Der Denker" genannt und beherbergt viele Naturphilosophen und Visionäre. Oberflächlich betrachtet mögen sie ruhig und zurückhaltend erscheinen, aber sie sind voller Ideen und Leidenschaften.

- **Esche (auch Robbe, Seepferdchen und Möwe)**: 18. Februar - 17. März. Menschen, die in diesem Zeichen geboren sind, werden auch "Der Zauberer" genannt und sind mit einer lebhaften Fantasie und grenzenloser Kreativität gesegnet. Sie sind nicht nur inspiriert, sondern neigen auch dazu, andere zu inspirieren.

- **Erle (auch Bär, Fuchs und Habicht)**: 18. März - 14. April. Diese als "Wegbereiter" bezeichneten Menschen sind abenteuerlustig, leidenschaftlich und haben ein Händchen dafür, mit anderen auszukommen. Ihr Selbstvertrauen macht sie äußerst sympathisch und verschafft ihnen in sozialen Situationen einen Vorteil.

- **Weide (auch Kreuzotter, Hase und Seeschlange)**: 15. April - 12. Mai. Menschen in diesem Zeichen werden aus gutem Grund "Der Beobachter" genannt. Sie sind intelligent und haben ein hervorragendes Gedächtnis, neigen aber dazu, sich zurückzuziehen und sind manchmal unsicher.

- **Weißdorn (auch Biene und Eule)**: 13. Mai - 9. Juni. Bei einem Spitznamen wie "Der Illusionist" ist es nicht verwunderlich, dass die in diesem Zeichen Geborenen oft eine Fassade aufsetzen und vorgeben, "normal" zu sein, während sie in Wirklichkeit sehr bunt und interessant sind.

- **Eiche (auch Zaunkönig, Otter und Weißes Pferd)**: 10. Juni - 7. Juli. Genau wie die Eiche sind diese Menschen mit extremer Stärke begabt und tragen deshalb den Spitznamen "Der Stabilisator". Sie sind auch sehr optimistisch und fürsorglich, was sie zu sehr guten Eltern und Lehrern macht.

- **Holly (auch Cat und Unicorn)**: 8. Juli - 4. August. Auch "The Royal" genannt, ist dieses Zeichen für den Thron gemacht. Sie sind ehrgeizig und wettbewerbsorientiert und könnten sogar arrogant wirken, aber sie sind auch sehr freundlich, wenn es nötig ist.

- **Hasel (auch Kranich und Lachs)**: 5. August - 1. September. Dieses Zeichen wird "Der Wissende" genannt und ist der Akademiker des keltischen Tierkreises. Sie schätzen Ordnung, Tradition und Effizienz, was dazu führen kann, dass sie auf andere als prätentiös wirken, aber das liegt nur an ihrer beeindruckenden Intelligenz.

- **Vine (auch Lizard, Hound, und White Swan)**: 2. September - 29. September. Als "The Equalizer" haben sie ein Händchen dafür, beide Seiten einer Geschichte zu sehen und sind gute Vermittler. Sie genießen auch die schönen Dinge des Lebens, wie Wein und Kunst.

- **Efeu (auch Wildschwein, Schmetterling und Gans)**: 30. September - 27. Oktober. Wie die sture Efeu ist dieses Zeichen sehr zäh und trägt deshalb den Spitznamen "The Survivor". Sie sind beharrlich, loyal und haben einen starken Glauben, der es ihnen ermöglicht, Hindernisse zu überwinden.

- **Reed (auch Hound und Owl)**: 28. Oktober - 24. November. Dieses Zeichen, das auch als "Inquisitor" bezeichnet wird, ist äußerst talentiert darin, die

Wahrheit in einer Situation zu finden und Geheimnisse zu vertreiben. Um dies zu erreichen, sind sie oft manipulativ, aber sie haben auch einen hohen moralischen Kodex.

- **Holunder (auch Dachs, Schwarzes Pferd und Rabe)**: 25. November - 23. Dezember. Das letzte Zeichen des keltischen Tierkreises ist Elder oder "Der Suchende". Es ist ein lebenslustiges Zeichen, das für Unterhaltung lebt und immer auf der Suche nach Freiheit ist. Trotz dieses Verhaltens sind sie auch sehr intelligent und haben oft ein Händchen für Philosophie.

Kapitel 2: Sonnenzeichen

Was ist ein Sonnenzeichen?

Wenn Sie nach Ihrem Sternzeichen gefragt werden, geht es im Wesentlichen um Ihr Sonnenzeichen. Es zeigt an, wo sich die Sonne zum Zeitpunkt Ihrer Geburt am Himmel befand, und es verschiebt sich einmal im Monat. Unsere Sonnenzeichen repräsentieren unser wahres Selbst oder einen "Standard"-Zustand des Seins. Wenn Sie gebeten werden, die Kernelemente Ihrer Persönlichkeit zu beschreiben, wird Ihre Beschreibung höchstwahrscheinlich den Eigenschaften Ihres Sonnenzeichens entsprechen. Grant Lewi, Autor von "Astrology for the Millions", formuliert es so: "Du magst denken, träumen, dir vorstellen, hoffen, tausend Dinge zu sein, je nach deinem Mond und deinen anderen Planeten: aber die Sonne ist das, was du bist, und dein bestes Selbst in Bezug auf deine Sonne zu sein, bedeutet, dass du deine Energien dazu bringst, auf dem Weg zu arbeiten, auf dem sie maximale Unterstützung durch die planetarischen Schwingungen erhalten." Was er damit meint, ist, dass unsere Sonne der Chef in unserem Horoskop ist und unsere Bewegungen lenkt. Wenn wir uns zum Besseren verändern wollen, müssen wir *mit* unserem Sonnenzeichen arbeiten, nicht gegen es.

In diesem Zusammenhang ist es wichtig, sich daran zu erinnern, dass unsere Sonnenstellung nicht die einzige in unserem Horoskop ist. Viele Anfänger werden entmutigt, wenn sie ihr Sonnenzeichen lesen und feststellen, dass es nicht zu ihnen passt, aber sie vergessen, dass es noch viele andere

Platzierungen gibt, die die Art und Weise beeinflussen können, wie sich ihr Sonnenzeichen präsentiert. Vielleicht ist Ihr Mond besonders dominant, oder Sie sind stark in Ihrem aufsteigenden Zeichen positioniert. Und selbst wenn Sie sich stark mit Ihrem Sonnenzeichen identifizieren, ist es dennoch wichtig, den Rest Ihres Horoskops zu verstehen, damit Sie die Komplexität Ihrer Person und Ihres Lebensweges erfassen können.

Die Sonnenzeichen

Widder

- 21. März - 19. April
- Element: Feuer
- Symbol: Der Widder
- Herrschender Planet: Mars

Wenn Sie zwischen dem 21. März und dem 19. April geboren sind, fällt Ihr Sonnenzeichen in das Reich des Widders. Du bist vielleicht ein bisschen aufgeregt, weil du das erste Tierkreiszeichen im Zyklus bist; Widder lieben es, den Anfang zu machen! Sie sind abenteuerlustig, lebenslustig, impulsiv und leicht gelangweilt. Wenn Sie Hilfe brauchen, um ein Projekt auf die Beine zu stellen, sollten Sie auf jeden Fall einen Widder in das Team aufnehmen. Sie stürzen sich mit ganzem Herzen und furchtlos in alles, was sie tun, und wollen unbedingt beweisen, dass sie die beste Besetzung für die Aufgabe sind. Sie sind auch sehr gut darin, angesichts von Hindernissen optimistisch, energisch und zuversichtlich zu bleiben. Auf der negativen Seite sind sie jedoch manchmal gefühllos, ungeduldig und lassen sich durch ihre Emotionen in ihrem Urteilsvermögen beeinträchtigen.

In ihren zwischenmenschlichen Beziehungen sind Widder-Persönlichkeiten geradlinig und einfach. Sie sagen dir, was sie wollen, und sie mögen es, wenn ihre Partner, Freunde und Familienmitglieder das Gleiche tun. Sie sind extrem loyal und lieben enge Beziehungen, aber diejenigen, die mit ihnen zu tun haben, *müssen* bereit sein, ihre Stimmungsschwankungen und Impulsivität zu ertragen. Sie müssen auch verstehen, dass ein Widder *nicht* versucht, rechthaberisch zu sein; das ist nur seine Art zu kommunizieren, und sie müssen vielleicht daran erinnert werden, sanft zu sein.

Sobald ein Widder reif ist, kann er ein äußerst effektiver Anführer, Redner und Lehrer sein. Sie können auch in einer Karriere gedeihen, die es ihnen erlaubt, ihren Mut und ihren Instinkt, ein Held zu sein, zu kanalisieren, wie zum Beispiel bei der Feuerwehr, bei den Streitkräften, in der Kampfkunst, als Sanitäter, Stuntman oder sogar als Sportler.

Stier

- 20. April - 20. Mai
- Element: Erde
- Symbol: Der Stier
- Herrschender Planet: Venus

Das zweite Tierkreiszeichen, das in den Zeitraum zwischen dem 19. April und dem 20. Mai fällt, ist Stier. Stier ist der Stier, aber stellen Sie sich keinen Stier vor, der im Porzellanladen randaliert! Stellen Sie sich stattdessen einen Stier vor, der in einem ruhigen Feld sitzt, umgeben von gelben Blumen, und sich um nichts in der Welt kümmert. Der Stier ist ein entspanntes und stabiles Sternzeichen, das Traditionen, Verlässlichkeit und praktisches Geschick schätzt. Er *schätzt* auch körperliche Annehmlichkeiten, sei es schmackhaftes Essen, edle Getränke, Kleidung oder ein schönes Haus. Im besten Fall ist es sehr entspannend, mit ihnen zusammen zu sein. Im schlimmsten Fall können sie jedoch stur sein, übermäßig an ihren materiellen Besitztümern hängen und sehr schlecht auf Kritik reagieren.

In ihrem gesellschaftlichen Leben schätzen Stiere Menschen, die ihnen Beständigkeit geben und bei denen sie sich sicher fühlen. Sie haben eine sehr ernste Einstellung zur Liebe und werden wahrscheinlich jemanden suchen, mit dem sie eine Familie gründen wollen, aber sie schließen sehr leicht Freundschaften und haben keine Schwierigkeiten, in der Gesellschaft von anderen zu sein. Es dauert eine Weile, bis ein Stier wütend wird, aber wenn es soweit ist, kann er ziemlich zerstörerisch sein und einige Herzen brechen. Jemand, der eine Beziehung mit einem Stier will, muss auf die Anzeichen seines Zorns achten und in der Lage sein, das Problem schnell anzusprechen, bevor die Dinge überschwappen.

Da sie Stabilität so sehr schätzen, würden Stiere höchstwahrscheinlich eine Karriere anstreben, die bereits gut etabliert ist und ihnen ein stabiles Einkommen sichert. Sie mögen auch Arbeiten, bei denen sie ihre Hände gebrauchen können oder bei denen es um die Pflege von Wertgegenständen geht. Sie könnten sich zum Beispiel zu einer Karriere als Banker, Kunsthändler, Bauarbeiter, Finanzplaner oder Bauhandwerker hingezogen fühlen.

Zwillinge

- 21. Mai - 20. Juni
- Symbol: Die Zwillinge
- Element: Luft
- Herrschender Planet: Merkur

Stellen Sie sich eine Twitter-Persönlichkeit oder einen berühmten YouTuber vor, komplett mit all den lustigen Macken und kontroversen Inhalten, und Sie haben bereits das Wesentliche der Zwillinge verstanden! Diese Menschen sind humorvoll, scharfsinnig, rückhaltlos und ein soziales Chamäleon. Wenn sie von Natur aus introvertiert sind, können sie gut vorgeben, extrovertiert zu sein, und andersherum. Sie fühlen sich in sozialen Situationen wohl und eignen sich hervorragend für alle Gruppenprojekte oder Präsentationen, bei denen Reden, schnelles Denken, Überreden oder Charme gefragt sind. Wenn Sie Hilfe bei einem Projekt brauchen, ist ein Zwilling definitiv die richtige Person für Sie. Allerdings haben die Zwillinge oft Angst vor dem Alleinsein und müssen üben, ihre eigene Gesellschaft zu genießen. Es kann ihnen auch schwer fallen, ihre wahren Gefühle auszudrücken, die Verantwortung für ihre Handlungen zu übernehmen und die Zeit zu verlangsamen, um die Rosen zu riechen.

In der Liebe verliebt sich der Zwilling schnell und heftig. Sie finden die Idee der Romantik in der Regel sehr reizvoll und sind von Natur aus neugierig auf andere Menschen, so dass sie den süßen Typen am anderen Ende der Bar kennenlernen wollen und sozial kompetent genug sind, um den ersten Schritt zu tun. Wenn die Beziehung langweilig wird, können sie sich aber genauso schnell wieder verlieben, deshalb ist es wichtig, die Dinge spannend zu halten. Freundschaften halten bei den Zwillingen in der Regel länger, sind aber vielleicht nicht besonders tiefgründig. Sie sind der Typ, der viele Freunde hat, aber nur wenige Menschen, mit denen sie gerne über ihre Gefühle sprechen.

Ein Zwilling würde sich *auf jeden Fall* einen Beruf wünschen, bei dem er mit anderen Menschen zusammenarbeitet. Allein in einem Büro zu sitzen, würde sie *völlig verrückt* machen! Viele Zwillinge haben auch ein Talent für Technik und Gadgets, so dass sie das vielleicht in den Beruf ihrer Wahl einbringen möchten. Einige gute Berufe für einen Zwilling wären Kommunikation, Öffentlichkeitsarbeit, Entertainer, Spendensammler, Verkäufer, DJ, Journalist oder Computerprogrammierer.

Krebs

- 21. Juni - 22. Juli
- Symbol: Die Krabbe
- Element: Wasser
- Herrschender Planet: Mond

Wenn der Widder das "abenteuerlustige Kind" des Tierkreises ist, dann ist der Krebs die "besorgte Mutter". Menschen, die zwischen dem 21. Juni und dem 22. Juli geboren sind, neigen dazu, sensibel, ängstlich und äußerst einfühlsam zu sein. Sie gehören zu den am tiefsten empfindenden Menschen im Tierkreis und lassen sich leicht von Medienberichten, Geschichten von Freunden und Familienmitgliedern und sogar von einem schönen Lied berühren. Sie kümmern sich in der Regel sehr um die Menschen um sie herum und haben den

Wunsch, einen positiven Einfluss auf die Welt zu nehmen, was sie in die Position eines Hausmeisters bringen kann. Doch Krebse sind oft von Melancholie geplagt und können von ihren Ängsten überwältigt werden. Sie können schlecht mit Veränderungen umgehen, sind schlecht darin, Kritik anzunehmen, ohne sie zu persönlich zu nehmen, und sind anfällig für Burnout, weil sie ständig so viel fühlen.

Aufgrund ihres Interesses, anderen zu helfen, sind Beziehungen für Krebse äußerst wichtig, ob sie nun romantisch, familiär oder platonisch sind. Sie verlieben sich sowohl in die Idee einer Person als auch in die Idee des Verliebtseins. In der Anfangsphase einer Beziehung haben sie vielleicht mit Unzulänglichkeiten zu kämpfen, aber wenn sie sich erst einmal eingelebt haben, werden sie für den Rest ihres Lebens verliebt sein. Das macht sie anfällig dafür, zu ihren Verflossenen zurückzukehren oder in toxischen Freundschaften zu verharren. Dennoch können sie äußerst loyale und hilfsbereite Gefährten sein.

Die Berufswahl ist für Krebse schwierig; sie wollen anderen helfen, sind aber meist zu schüchtern für einen Beruf, bei dem sie direkt mit Menschen zu tun haben. Diejenigen, die eher extrovertiert sind, werden sich sicherlich zu Berufen wie Krankenpflege, Beratung und Therapie hingezogen fühlen, aber andere werden sich nach Berufen umsehen, die eher entspannt sind. Krebse sind sehr gut im Schreiben, in der Haushaltsführung, in der Sozialarbeit, im Kochen, in der Gartenarbeit und in der Pflege.

Leo

- 23. Juli - 22. August
- Symbol: Der Löwe
- Element: Feuer
- Herrschender Planet: Sonne

Wie der Löwe ist auch der Löwe mutig, laut, stolz und selbstbewusst. Das sind die Menschen, die man in ihren besten Kleidern sieht, die schwungvoll gehen und ihre Nase in den Himmel strecken. Leos lieben es, im Rampenlicht zu stehen, und ihr natürlicher Charme macht es ihnen leicht, die Aufmerksamkeit der Menschen um sie herum zu erregen. Sie sind jedoch mehr als nur eine wandelnde Berühmtheit; Leos sind auch für ihre Liebe zu Wachstum und Verbesserung bekannt, so dass sie immer nach Möglichkeiten suchen, sich selbst, ihren Arbeitsplatz, ihr Zuhause und ihre Beziehungen zu verbessern. Wenn Sie jemanden suchen, der Ihnen hilft, ein Projekt zu bearbeiten und zu verbessern, sollte ein Löwe *definitiv* Ihre erste Wahl sein! Allerdings müssen Sie sich auf eine Menge Angeberei, Herumkommandieren und viele harte Worte einstellen. Ein Löwe könnte sogar versuchen, Ihnen die Anerkennung zu stehlen, um sich wichtiger zu machen!

Um mit einem Löwen zu flirten, muss man ihm nur ein paar Komplimente zuwerfen und ihm das Gefühl geben, die schönste Person im Raum zu sein. Sie werden jemanden lieben, der mit ihrer Energie mithalten kann und ihnen hilft, sich in ihrer Macht sicher zu fühlen. Leos sind sehr anfällig für Einsamkeit und ziehen es vor, sich mit anderen Menschen zu umgeben, so dass sie auch in ihrem Leben viele Freunde haben werden. Sie haben das Zeug dazu, großzügige und liebevolle Freunde zu sein, und sie lieben es, den Menschen in ihrem persönlichen Umfeld zu helfen.

Leos mögen viel Abwechslung und Spontaneität in ihrem Leben, daher ist es unwahrscheinlich, dass sie eine Karriere genießen, die sie stillhält. Sie würden es vorziehen, in einer kreativen oder sozialen Position zu arbeiten. Sie könnten als Schauspieler, Sportler, Friseur, Event-Koordinator, Innenarchitekt, Modedesigner oder Talentagent erfolgreich sein.

Jungfrau

- 23. August - 22. September
- Symbol: Die Jungfrau
- Element: Erde
- Herrschender Planet: Merkur

Perfektionistisch, ordnungsliebend und rational - das ist die Jungfrau in einer Nussschale. Diese Menschen scheinen ihr Leben im Griff zu haben und lassen sich von Ablenkungen wie Emotionen nicht beeindrucken. Natürlich ist das nicht ganz richtig; sie haben zwar Emotionen, aber sie finden sie oft verwirrend und haben keine gute Möglichkeit, sich auszudrücken, also wenden sie sich den Dingen zu, die für sie mehr Sinn ergeben. Jungfrauen sind nicht nur davon besessen, ihr eigenes Leben in Ordnung zu halten, sondern sie setzen sich auch dafür ein, anderen dabei zu helfen, ihr Leben zu organisieren. Manche Menschen mögen das als hilfreich empfinden, aber andere werden es als übertrieben empfinden, deshalb müssen Jungfrauen vorsichtig sein. Dennoch genießen sie es, sich nützlich zu fühlen, und finden, dass es eine gute Ablenkung von ihren Gefühlen der Angst, der Unvollkommenheit und des Selbsthasses ist.

Jungfrauen sind bekanntlich gutaussehend, und viele Menschen finden ihre Ordnungsliebe anziehend, so dass es für sie sehr leicht ist, romantische Partner zu finden. Es dauert jedoch oft eine Weile, bis sie sich *tatsächlich verlieben*, da sie sich nur schwer Gefühlen hingeben können, und viele haben Mühe, ihre Kritik an anderen lange genug beiseite zu schieben, um sich auf eine Verliebtheit einzulassen. Sie sind auch sehr wählerisch, wenn es um ihre Freunde geht, aber sie sind sehr gut darin, Ratschläge zu erteilen, Geheimnisse zu bewahren und in schwierigen Zeiten Unterstützung zu leisten.

Jungfrauen haben eine *extrem starke* Arbeitsmoral und sind gut in Positionen, die viel Training, Geschick und Hingabe erfordern. Sie sind bereit, in jedem Beruf, für den sie sich entscheiden, viel Einsatz zu zeigen, und sie stellen ihre Karriere oft in den Mittelpunkt ihres Lebens. Sie fühlen sich vielleicht zu Buchhaltung, Beratung, Zahnmedizin, Mathematik, Redaktion oder Krankenpflege hingezogen.

Waage

- 23. September - 22. Oktober
- Symbol: Die Waage
- Element: Luft
- Herrschender Planet: Venus

Das Symbol der Waage ist die Waage des Gleichgewichts, und das Konzept des Gleichgewichts ist *überall* in ihrem Leben zu finden. Das macht die Waage manchmal etwas schwer zu interpretieren; sie ist sowohl introvertiert als auch extrovertiert, stolz und bescheiden, liebevoll und hart. Doch gerade in dieser Mischung von Eigenschaften kann die Waage am besten verstanden werden, wenn man weiß, worauf man achten muss. Sie sind einfühlsam und in der Lage, die Haltung zu reflektieren, die die Menschen ihnen entgegenbringen, was zu ihrer Mischung von Eigenschaften führt. Sie wollen auch als charmant wahrgenommen werden und sind daher bereit, in jeder Situation die Persönlichkeit zu verkörpern, von der sie glauben, dass sie am sympathischsten ist. Außerdem legen sie so viel Wert auf Positivität, dass es ihnen schwer fällt, mit negativen Gefühlen umzugehen. Um sich weiterzuentwickeln, muss die Waage lernen, mit Konfrontationen umzugehen, mit Negativität auf gesunde Weise umzugehen und ihre eigene Gesellschaft zu genießen. Das Leben kann nicht immer so sein, wie sie es sich in ihrem Kopf vorgestellt haben.

Waagen werden oft als das schönste Sternzeichen angesehen. Nicht nur das, sie finden auch alle anderen schön, daher ist es für sie ein leichtes, einen Partner zu finden. Allerdings fällt es ihnen schwer, sich ihrem Partner zu öffnen, weil sie fürchten, als zu sehr ein Wermutstropfen angesehen zu werden. Ihr Seelenverwandter ist also jemand, der sie dabei unterstützen kann, zu lernen, sie selbst zu sein.

Waagen haben manchmal Probleme am Arbeitsplatz, weil sie nicht gut mit Konflikten umgehen können, aber das bedeutet nicht, dass sie keine Talente haben, die sie der Welt zeigen können. Sie haben ein Auge für Schönheit und sind in Berufen, die Malen, Entwerfen oder Styling beinhalten, erstaunlich. Sie können auch gut mit der Öffentlichkeit umgehen und fühlen sich daher vielleicht zum Kundendienst berufen.

Skorpion

- 23. Oktober - 21. November
- Symbol: Der Skorpion
- Element: Wasser
- Herrschender Planet: Pluto

Das Innere eines Skorpions ist *rücksichtslos*. Sie sehen die Welt unter dem Gesichtspunkt des Überlebens: fressen oder gefressen werden, Verbündete gewinnen, um die eigenen Chancen zu erhöhen, Bedrohungen beseitigen, bevor sie zu einem Problem werden, usw. Sie können soziale Manipulatoren, Könige des Klatsches und erfahrene Lügner sein. Skorpione haben in der Regel eine große soziale Gruppe, weil sie sehr geschickt darin sind, Menschen auf ihre Seite zu ziehen, und sie sind oft sehr loyal gegenüber denen, die ihnen wichtig sind, aber sie neigen zur Einsamkeit, weil ihre Weltsicht so unfreundlich ist. Sie lieben es auch, die Kontrolle über *jede* Situation zu haben, und es kann ihnen schwer fallen, diese Kontrolle wieder abzugeben. All das Manipulieren und Intrigieren ist nur ein Mittel, um dem Skorpion die Macht zu geben, die er braucht, um sich in seinem Leben glücklich und vollständig zu fühlen. Dennoch sind sie extrem mutig, kreativ und charmant, so dass sie auch auf sich selbst sehr stolz sein können.

In der Liebe ist der Skorpion ein Alles-oder-Nichts-Typ. Sie verlieben sich entweder überhaupt nicht oder sind Hals über Kopf verliebt, und der Unterschied liegt darin, ob ihr Partner sie überzeugen kann, sich zu öffnen und die Kontrolle abzugeben. Man muss das Interesse des Skorpions aufrechterhalten und wissen, wie man seine Spielchen spielt und ihn gleichzeitig zähmt, was schwierig sein kann, aber auch eine lustige Herausforderung für diejenigen ist, die damit umgehen können. In ihren Freundschaften sind Skorpione sehr fürsorglich und mitfühlend.

Skorpione sind gut darin, schwierige Aufgaben zu bewältigen, weil sie von Natur aus zäh sind. Sie würden sich als Polizist, Arzt, Chirurg, Rettungshelfer, Bestatter, Metzger, Sanitäter oder Unternehmer wohlfühlen. Sie mögen auch Arbeiten, die feine Details beinhalten, wie z. B. Analysten, Computerprogrammierer und Finanzberater.

Schütze

- 22. November - 21. Dezember
- Symbol: Der Bogenschütze
- Element: Feuer
- Herrschender Planet: Jupiter

Ein Schütze geht an die Realität so heran, wie jemand an ein Open-World-Videospiel herangehen könnte. Es gibt viel zu erforschen, mehrere Fähigkeiten zu meistern und *jede Menge* Nebenquests. Ein Schütze strebt *auf jeden Fall* ein komplettes Spiel an; er will alles ausprobieren, alles lernen und die beste Version seiner selbst werden. Sie haben keine Angst vor Veränderungen und scheinen an nichts zu hängen. Sie haben keine feste Vorstellung von "Zuhause", wenn ihr Zuhause in ihnen selbst liegt, was ein großer Vorteil sein kann, wenn sie jemals umziehen oder reisen müssen. Es kann aber auch eine Schwäche sein. Dem Schützen fällt es schwer, sich zu konzentrieren, über seinen Optimismus hinauszublicken und seine Ziele realistisch zu halten. Aufgrund ihrer gelegentlich schlechten Lebensentscheidungen sind sie anfällig für

Herzschmerz, Gefahr und finanzielle Schwierigkeiten, aber diejenigen, die ihnen nahestehen, wissen, dass der Schütze einfach nur das Beste für sich will und sich nicht zufrieden geben wird.

Der Schütze ist oft sehr extrovertiert und emotional offen, so dass es ihm leicht fällt, sich zu verlieben. Sie lieben Menschen, die die Beziehung spannend und aufregend halten können, und jemanden, der unabhängig genug ist, um ihre vielen Veränderungen zu ertragen. In ihren Freundschaften fällt es ihnen manchmal schwer, einen festen Freundeskreis zu behalten, und sie springen in verschiedenen sozialen Kreisen herum, aber sie genießen es, viele Freunde zu haben, und stehen vielleicht einer oder zwei Personen besonders nahe.

Neun-zu-fünf-Jobs sind für den Schütze eine absolute *Qual*! Sie brauchen Freiheit und Unabhängigkeit im Beruf, und sie wollen vielleicht nicht mit der Öffentlichkeit zu tun haben, da sie oft *zu* unverblümt sein können. Sie fühlen sich jedoch in Positionen wohl, in denen sie ihre Fähigkeiten zeigen oder ihr Wissen einsetzen können. Sie könnten zum Beispiel Freude an der Ausbildung von Tieren, am Publizieren, am Schreiben, an religiöser Arbeit, am Vortragen, am Dolmetschen/Übersetzen oder am persönlichen Training haben.

Steinbock

- 22. Dezember - 20. Januar
- Symbol: Die Meeresziege
- Element: Erde
- Herrschender Planet: Saturn

Steinböcke bewegen sich in einer geraden Linie durch die Welt. Sie wissen, *wo* sie sind, sie wissen, wo sie *hinwollen*, und sie wissen, *wie* sie dorthin kommen wollen. Sie sind strukturiert, diszipliniert, logisch und organisiert. Steinböcke geben bei ihrer Arbeit alles und sind immer auf der Jagd nach Erfolg. Letztlich wird ihr strukturierter Lebensstil durch eine tief sitzende Angst vor dem Scheitern motiviert. Sie haben eine *sehr* klare Vorstellung davon, was es bedeutet, erfolgreich zu sein, und sind äußerst besorgt, diesen Meilenstein nicht zu erreichen, so dass sie Tag und Nacht arbeiten, um alles zu erreichen, was sie glauben, tun zu müssen, um dieses Ziel zu erreichen. Viele Steinböcke ziehen es auch vor, die Kontrolle zu haben, weshalb sie so hart arbeiten. Sie wollen der Chef sein, *nicht* der Angestellte, und sie wissen, dass es viel Mühe kostet, an die Spitze zu kommen. Ihre arbeitssüchtigen Tendenzen können sie zu sehr einsamen Menschen machen, und es könnte ihnen schwer fallen, sich zu entspannen.

Die Liebe kann für Steinböcke kompliziert sein, vor allem wenn Romantik nicht auf ihrer To-Do-Liste steht. Sie verlieben sich nicht so leicht, da sie es vorziehen, sich langsam zu bewegen, sobald sie in einer Beziehung sind, und sie können ein bisschen unbeholfen sein. Sie bräuchten einen unabhängigen Partner, der bereit ist, dieses Schneckentempo zu ertragen. In einer festen Beziehung können Capricorns jedoch hingebungsvolle Liebhaber sein. In ihren Freundschaften sind Steinböcke ebenso verlässlich.

Mit ihrer Entschlossenheit, erfolgreich zu sein, können Steinböcke in *jeder* Karriere, die sie wählen, glänzen. Sie sind oft begabt in den Bereichen Wirtschaft, Technik, Musik, Verwaltung, Bankwesen, Politik und Wissenschaft. Für welche Karriere sie sich auch entscheiden, sie werden wahrscheinlich darauf abzielen, die Karriereleiter zu erklimmen und in der Position des CEO zu landen.

Wassermann

- 21. Januar - 18. Februar
- Symbol: Die Wasserträgerin
- Element: Luft
- Herrschender Planet: Uranus

Der Wassermann ist dazu da, unser Leben aufzupeppen und das, was wir für "normal" halten, durcheinander zu bringen. Er ist ein Querdenker und geht gerne den Weg, der weniger bereist wird, nur um zu beweisen, dass er möglich ist. Das ist auch eine gute Möglichkeit, sich von der Masse abzuheben, und sie genießen vielleicht die Aufmerksamkeit! Wassermänner gehen bei ihren Entscheidungen oft wissenschaftlich vor und behandeln das Leben wie ein soziales Experiment. Was wird die größte Reaktion hervorrufen? Wie verrückt muss ein Satz sein, damit die Leute ihn bemerken? Ihre Denkweise zeichnet sich durch ein gewisses Maß an Neugierde und Intelligenz aus. Vor allem aber sehnen sie sich nach Freiheit und wollen sich nicht durch Erwartungen, Verantwortung und sogar Emotionen einschränken lassen. Das stimmt; manche Wassermann-Menschen haben Schwierigkeiten, mit ihren tieferen Gefühlen umzugehen, weil sie das Gefühl haben, dass sie dadurch behindert werden. Ihr Freigeist wird auch zu einem Problem in strukturierten Umgebungen wie Schule und Arbeit.

Wassermänner finden die Vorstellung einer festen Beziehung vielleicht etwas einschüchternd und einschränkend, aber der richtige Partner wird wissen, wie man damit umgeht. Sie brauchen jemanden, der entspannt, aber interessant ist und der ihnen Raum geben kann, wenn sie ihn brauchen, aber sie trotzdem in die Romanze einbezieht. Ihre Freundschaften sind oft oberflächlich; sie haben viel Spaß auf Partys und Veranstaltungen, aber sie sind vielleicht nicht die Menschen, zu denen man in einer Krise geht.

Die Karriere ist ein schwieriges Thema für den Wassermann. Sie tun sich schwer mit einer Arbeit von neun bis fünf, und sie *hassen es,* allein zu arbeiten, daher ist es wichtig, dass ihr Job menschenbezogen und sehr aufregend ist. Sie könnten sich zu Aktivismus, Friedenskorps, Sozialarbeit, Recht, Psychologie und Astronomie hingezogen fühlen.

Fische

- 19. Februar - 20. März
- Symbol: Der Fisch
- Element: Wasser
- Herrschender Planet: Neptun

Wenn der Widder das "Kind" des Tierkreises ist, dann sind die Fische die "Alten". Unabhängig von ihrem Alter neigen die Fische dazu, eine alte Seele zu haben und haben oft eine sehr sensible Sicht auf das Leben. Sie stecken voller Einfühlungsvermögen, Freundlichkeit und Weisheit. Sie werden jedoch von Ängsten geplagt und haben viele Probleme mit ihrem Selbstwertgefühl. In einer Welt, in der weiche

Persönlichkeiten als schwach und langweilig gelten, könnten Fische daran zweifeln, dass sie sympathisch sind oder dass ihre Eigenschaften für die Gesellschaft überhaupt hilfreich sind, und diese Unsicherheit kann sich in Form von sozialer Unbeholfenheit oder einer weichen Stimme zeigen. Dennoch gehen Fische mit einem Sinn für Wunder und Fantasie an die Welt heran. Sie können sehr gut träumen und betrachten sich selbst als Künstler, die vielleicht sogar einen kreativen Beruf ausüben.

Fische können sehr romantisch sein und werden sich in jemanden verlieben, der bereit ist, die alte Schule zu verlassen. Wenn Sie mit einem Fisch flirten, versuchen Sie, ihm einen Brief zu schreiben, Blumen zu schicken oder ihm eine Blume ins Haar zu stecken. Sie zögern vielleicht, eine Beziehung einzugehen, aber ein dominanterer Partner kann sehr gut zu ihnen passen. Fische haben es viel leichter, Freundschaften zu schließen, und können mit Rat und Tat zur Seite stehen.

Fische können in einer Reihe von kreativen Bereichen wie Fotografie, Schreiben, Tanzen, Schauspiel, Malen und Bildhauerei erfolgreich sein. Vielleicht fühlen sie sich auch zu einer Tätigkeit berufen, bei der sie anderen helfen und ihr großes Einfühlungsvermögen einsetzen können, z. B. in der Beratung, Tierrettung, Massagetherapie, Kranken- oder Altenpflege.

Kapitel 3: Mond und aufsteigende Zeichen

Zusammen mit dem Sonnenzeichen, dem Mond und dem aufsteigenden Zeichen bilden sie die "Großen 3". Anstatt uns nur mit unserem Sonnenzeichen vorzustellen, sollten wir wirklich damit beginnen, die Menschen über unsere "Großen 3" zu informieren, um ihnen einen vollständigeren Eindruck von unserer Persönlichkeit und unserem Leben zu vermitteln. Immer mehr Menschen tun dies bereits. Auf Profilen in sozialen Medien sehen Sie wahrscheinlich Beschreibungen wie "Ich bin Löwe-Sonne, Schütze-Mond und Steinbock-Aufgang". Eine solche Beschreibung verrät Ihnen drei Dinge über eine Person: ihre grundlegende Persönlichkeit, die Art und Weise, wie sich ihre Gefühle manifestieren, und wie sie normalerweise wahrgenommen wird. Lassen Sie uns lernen, wie man den Rest der "Big 3" interpretiert.

Was ist ein Mondzeichen?

Ähnlich wie das Sonnenzeichen wird auch Ihr Mondzeichen durch die Stellung des Mondes zum Zeitpunkt Ihrer Geburt bestimmt. Der Mond wird mit Emotionen, Gefühlen und der Art und Weise, wie wir uns trösten, in Verbindung gebracht. Fühlen Sie sich manchmal wie ein völlig anderer Mensch, wenn Sie von Gefühlen übermannt werden? Ändern sich Ihre persönlichen Gewohnheiten, wenn Sie sich deprimiert, ängstlich oder ausgebrannt fühlen? Greifen Sie zu Annehmlichkeiten, die Ihren allgemeinen Zielen oder Ihrem

Lebensstil zuwiderlaufen könnten? In diesen Zeiten, in denen unsere Gefühle uns beherrschen, sehen wir unser Mondzeichen deutlich. Die Kenntnis der Mondstellung einer Person ist ein guter Weg, um herauszufinden, wie sie sich verhält, wenn sie sich aufregt, und sie kann Ihnen sogar einige Hinweise auf ihre spezifischen Lieblingsbeschwerden und die Dinge geben, die ihr auf die Nerven gehen. Sie können Ihnen auch sagen, was am hilfreichsten ist, wenn die Person emotional wird. Mondzeichen können auch ein guter Indikator dafür sein, wie sich jemand verhält, wenn niemand anderes in der Nähe ist, oder wie sein innerer Kreis ihn sehen könnte.

Der Mond bewegt sich mit 13,5 Grad pro Tag um den Himmel und ist damit der schnellste aller Himmelskörper. Im Vergleich dazu bewegt sich Merkur mit etwa einem und Mars mit etwa 0,5 Grad. Bei seiner Geschwindigkeit bedeutet dies, dass er etwa alle zwei oder drei Tage von Zeichen zu Zeichen wechselt. Jemand, der nur fünf Tage nach Ihnen geboren wurde, wird ein völlig anderes Mondzeichen haben!

Die Mondzeichen

- **Widder-Mond**: Wenn du einen Widder-Mond hast, sind deine Gefühle ziemlich extrem. Du kannst impulsiv, leidenschaftlich und erregbar sein, wenn du verletzlich bist, und du fühlst dich vielleicht sogar ein bisschen kindlich. Du kannst manchmal etwas unreif sein und vielleicht sogar kleine Wutanfälle bekommen, wenn die Dinge nicht so laufen, wie du willst.

- **Stier-Mond**: Menschen mit Stier-Mond haben recht stabile Emotionen und reagieren nur langsam auf extreme Gefühle wie Wut. In Zeiten von Stress könnten sie sich jedoch dem Komfort, materiellen Dingen oder dem Einzelhandel zuwenden. Sie können auch schnell an Energie verlieren, wenn sie unter Druck stehen, weshalb sie oft der Faulheit bezichtigt werden.

- **Zwillinge-Mond**: Wenn Sie Zwilling-Mond sind, fällt es Ihnen leicht, Ihre Gefühle durch Sprache auszudrücken. Ein Tagebuch oder einen Blog zu führen, könnte für Sie von Vorteil sein, besonders wenn Sie einen Ort brauchen, an dem Sie sich Luft machen können. Vielleicht gehören Sie auch zu den Menschen, die zunächst ruhig sind, dann aber sehr gesprächig werden, wenn sie sich in der Nähe von anderen wohlfühlen.

- **Krebs-Mond**: Ein Krebs-Mond ist auf persönliche Sicherheit angewiesen, um seine Emotionen zu stabilisieren, und kann zu Ängsten neigen. Sie könnten auch die natürliche Tendenz des Krebses, viel zu geben, übernehmen, so dass sie anfällig für Burnout sind, wenn sie zu viel von sich selbst geben, ohne etwas dafür zu bekommen. Krebs-Monde sind auch Stubenhocker, deshalb müssen sie darauf achten, dass sie sich in Stresssituationen nicht isolieren.

- **Löwe-Mond**: Löwe-Monde neigen dazu, sich sehr mit ihren Gefühlen verbunden zu fühlen und haben keine Probleme damit, sich mit ihren Emotionen auseinanderzusetzen und die Dinge für sich selbst zu verarbeiten. Wenn sie jedoch isoliert sind, kann diese Bereitschaft zur Introspektion in Egozentrik und Drama umschlagen, so dass sie ihre Ausbrüche in Schach halten müssen. Wenn ihnen das gelingt, sind sie im Allgemeinen glückliche und optimistische Menschen.

- **Jungfrau-Mond**: Jungfrau-Monde neigen dazu, zu viel über eine Situation nachzudenken und sich selbst zu ängstigen, was dazu führen kann, dass sie als sensibel wahrgenommen werden. Um diese Emotionen loszuwerden, können sie ihre soliden Kommunikationsfähigkeiten nutzen, um mit einem Freund zu sprechen, ein Tagebuch über ihre Gedanken zu führen oder durch Meditation Selbstgespräche zu führen.

- **Waage-Mond**: Wenn Ihr Mond in der Waage steht, können Sie feststellen, dass Ihre Gefühle unantastbar sicher sind. Sie sind in der Regel sehr ausgeglichen und können in stressigen Situationen einen kühlen Kopf bewahren. Wenn Sie jedoch unter Druck geraten, könnten Sie passiv-aggressiv werden und auf die Menschen losgehen, die Ihrer Meinung nach dafür verantwortlich sind, dass Sie sich so fühlen.

- **Skorpion-Mond**: Wenn Ihr Mond im Skorpion steht, werden Sie wahrscheinlich einige der geheimnisvollen Eigenschaften des Skorpions übernehmen, ebenso wie seine emotionale Distanz. Es fällt Ihnen schwer, mit anderen in Beziehung zu treten, Sie brauchen eine Weile, um sich zu öffnen, und es kann sein, dass Sie bei schwierigen Gefühlen "stecken bleiben" und es eine Weile dauert, bis Sie vorankommen.

- **Schütze-Mond**: Der Schütze-Mond ist unverblümt, geradeheraus und direkt mit seinen Gefühlen. Wenn das auf Sie zutrifft, dann haben Sie keine Angst davor,

Dinge tief zu empfinden, und Sie haben *vor allem* keine Angst davor, andere wissen zu lassen, was in Ihrem Kopf vor sich geht, was in vielen Situationen hilfreich ist, in anderen aber unangemessen wirken kann.

- **Steinbock-Mond**: Der Steinbock-Mond hat das Gefühl, dass seine Karriere eine große Rolle für seine Gefühle spielt. Sie nehmen Dinge, die bei der Arbeit passieren, sehr persönlich und brauchen eine gute Work-Life-Balance, um sich wohl zu fühlen. Sie haben auch eine sehr ernste und objektive Einstellung zu Gefühlen im Allgemeinen.

- **Wassermann-Mond**: Ein Wassermann-Mond konzentriert sich vielleicht lieber auf seine Visionen, Ziele und Ideen als auf seine Gefühle. Aus diesem Grund werden sie von ihren Mitmenschen vielleicht als unnahbar oder sogar ein wenig kalt angesehen, aber das bedeutet nicht, dass sie keine Verbindung zu Menschen aufbauen können. Sie verbinden sich einfach durch Logik und nicht durch Gefühle.

- **Fische-Mond**: Fische-Monde sind extrem emotional und tief mit ihrem Innenleben verbunden. Sie sind Träumer, Spiritualisten und haben manchmal sogar übersinnliche Gaben. Wenn sie gestresst sind, können sie zu Eskapismus und unangepassten Tagträumen neigen. Deshalb sollten sie sich darauf konzentrieren, sich zu erden, wenn sie merken, dass sie der Realität entgleiten.

Was ist ein aufsteigendes Zeichen?

Während unser Mondzeichen unser Inneres und unsere Emotionen repräsentiert, beschreibt unser aufsteigendes Zeichen unser äußeres Ich. Wenn jemand aufgrund des ersten Eindrucks, den er von dir hat, dein Sternzeichen erraten müsste, würde er wahrscheinlich eher auf dein aufsteigendes Zeichen tippen als auf dein Sonnenzeichen. Dies ist die Persona, die Sie in der Öffentlichkeit darstellen, die Maske, die Sie bei der Arbeit tragen, und die Rolle, die Sie auf Partys spielen. Manche Menschen merken vielleicht gar nicht, dass sie in ihr aufsteigendes Zeichen schlüpfen, während andere feststellen, dass sie sich stark auf ihr aufsteigendes Zeichen beziehen und viel Zeit dort verbringen. Das kommt ganz auf die Person an! Ihr aufsteigendes Zeichen wird auch als dasjenige betrachtet, das den größten Einfluss auf Ihre körperliche Erscheinung hat, obwohl auch die anderen Zeichen in Ihrem Horoskop einen Einfluss haben können. Wir werden besprechen, wie jedes aufsteigende Zeichen aussieht und sich verhält, um ein umfassendes Verständnis seiner Funktionsweise zu bekommen.

Dieses Zeichen wird durch das Tierkreiszeichen bestimmt, das zum Zeitpunkt Ihrer Geburt am Horizont steht, weshalb es auch als "aufsteigendes" Zeichen oder manchmal als "aufsteigendes" Zeichen bezeichnet wird. Dieses Zeichen ändert sich sehr schnell, daher ist es wichtig, dass Sie Ihre *genaue* Geburtszeit kennen, wenn Sie Ihr Geburtshoroskop berechnen.

Die aufsteigenden Zeichen

- **Widder Aufgang**: Ein Widder hat eine starke Präsenz, wenn er einen Raum betritt. Sie könnten etwas einschüchternd oder unnahbar wirken, und sie könnten sogar ein wenig streitlustig oder rechthaberisch erscheinen. Sie sehen wahrscheinlich jung aus und haben strahlende Augen. Obwohl Widder in der Jugend und im Teenageralter oft mit Hormonschwankungen zu kämpfen haben, wachsen sie in der Regel später im Leben in ihr Aussehen hinein und altern sehr gut. Ihr Stil reicht von sportlicher Kleidung über Streetwear bis hin zu Grunge, und sie sehen am besten in warmen und dunklen Farben aus.

- **Stier-Aufgang**: Stiermenschen eignen sich hervorragend für Vorstellungsgespräche, weil sie den Eindruck erwecken, stark und verlässlich zu sein. Die Menschen haben das Gefühl, dass sie vertrauenswürdig sind, und obwohl sie heftig wirken können, wirken sie nicht unfreundlich. Dank des Einflusses der Venus ist ein Stier-Aufgang typischerweise sehr schön und hat einen sehr schönen Körper, sei er kurvig oder wohlgeformt. Die untere Gesichtshälfte ist in der Regel sehr markant, so dass sie runde oder rosige Wangen, eine schöne Kieferpartie oder pralle Lippen haben können. Sie mögen vielleicht Boho-Kleidung oder Country-Chic.

- **Zwillinge Aufsteigend**: Unabhängig davon, ob sie tatsächlich extrovertiert sind oder nicht, wirken die Zwillinge auf den ersten Blick gesprächig, energiegeladen und fröhlich. Sie könnten eine fröhliche

Fassade aufsetzen, um diesen Effekt zu erzielen, oder vielleicht steigern sie einfach die Energie, wenn sie neue Leute treffen. Zwillinge sind typischerweise schlank und haben vielleicht breite Schultern, und ihre Hände sind in der Regel sehr attraktiv. Sie schmücken ihre Hände und Handgelenke gerne mit Accessoires, um die Aufmerksamkeit auf sich zu ziehen. Zwillinge kleiden sich in der Regel dem Anlass entsprechend, neigen aber zu legerer Kleidung, einfachem Chic und lebhaften Farben, wenn sie sich so kleiden können, wie sie wollen.

- **Krebs aufsteigend**: Der Krebs kommt als sanftmütiger, warmherziger und wortkarger Mensch daher. Auf den ersten Blick wirken sie definitiv wie ein fürsorglicher Typ, ob sie *es nun* tatsächlich *sind* oder nicht! Sie sind wahrscheinlich schüchtern gegenüber Fremden und brauchen eine Weile, um mit ihnen warm zu werden. Frauen im Zeichen Krebs sehen typischerweise sehr feminin aus, während die Männer sehr gepflegt sind und einen weichen Stil haben können. Sie sind vor allem für ihre großen, runden Augen und ihre natürlich langen Wimpern bekannt. Ihre Schönheit hat etwas Puppenhaftes, und man kann ihnen ansehen, dass der Einfluss des Mondes sehr stark ist. Sie bevorzugen wahrscheinlich legere oder schicke Kleidung und sehen in neutralen bis kühlen Tönen am besten aus.

- **Löwe Aufsteigend**: Wie sein Feuerzeichen-Widder-Kollege hinterlässt der Löwe-Wandler einen starken ersten Eindruck und lässt jeden denken, dass er selbstbewusst und lustig ist. Sie erscheinen gerne als lebendige, aufregende Personen und ziehen auf Partys wahrscheinlich viel Aufmerksamkeit auf sich. Vielleicht nutzen sie sogar soziale Medien, Blogs oder Vlogs, um ihr ereignisreiches Leben in der Öffentlichkeit zu katalogisieren. Körperlich hat ein Löwe-Aufgang eine gewisse Ausstrahlung. Das ist auf den Einfluss der Sonne zurückzuführen. Sie haben wahrscheinlich eine bemerkenswerte Körperhaltung, die sie in einer Menschenmenge hervorstechen lässt, und ihre Oberkörper sind besonders attraktiv; die Frauen haben in der Regel eine Sanduhrform, während die Männer einen muskulösen Rücken und Brustkorb haben.

- **Jungfrau aufsteigend**: Jungfrauen gehören zu den Menschen, die so aussehen, als hätten sie ihr Leben im Griff. Sie wirken organisiert und aufgeräumt, so dass andere Menschen sie vielleicht schon sehr früh in einer Beziehung um Rat fragen. Der Einfluss von Merkur verleiht ihnen auch ein sehr scharfes und sauberes Aussehen. Sie sehen oft sehr jugendlich aus und haben eine Vorliebe für minimalistische Mode, wie z. B. raffinierten Schick oder "Sex and the City"-Mode. Diese Stellung ist bekannt für eine markante obere Gesichtshälfte, z. B. gut ausgeprägte Augenbrauen oder eine wohlgeformte Stirn.

- **Waage Aufgang**: Ungeachtet ihres wahren Wesens wirkt ein Waage-Aufsteiger immer süß, charmant und sympathisch. Mit ihrer angenehmen Ausstrahlung können sie in kürzester Zeit einen ganzen Raum um den Finger wickeln, was ihnen in einer sozialen Situation viel Macht verleiht. Als ein weiteres von der Venus regiertes Zeichen haben sie viele körperliche Ähnlichkeiten mit dem Stier-Aufgang. Ihre Gesichter und Körper sind in der Regel sehr symmetrisch und haben eine schöne Nase und ein Lächeln. Sie haben auch einen sehr attraktiven Unterkörper. Der Waage-Springende kleidet sich wahrscheinlich stilvoll, aber er mag auch Streetwear oder süße, bequeme Kleidung.

- **Skorpion aufsteigend**: Wenn ein Skorpion-Sprössling einen Raum betritt, wird er als geheimnisvoll, verführerisch und manchmal auch etwas unnahbar wahrgenommen. Manchmal ziehen sie die Aufmerksamkeit von neugierigen Menschen auf sich, und manchmal werden sie gemieden, weil sie diejenigen verschreckt haben, die sich sonst für sie interessieren könnten. Der aufsteigende Skorpion ist berühmt für seine tiefen Augen und seine hübsche Nase, die ihm ein interessantes und insgesamt attraktives Gesicht verleihen. Pluto, ihr herrschender Planet, regiert die Beckengegend, so dass sowohl Männer als auch Frauen breite oder ausgeprägte Hüften haben. Sie haben wahrscheinlich Spaß an Mode und neigen zu sophisticated-sexy, casual-grunge oder Rocker-chic.

- **Schütze-Aszendent**: Ähnlich wie der Zwillinge-Sternzeichen erweckt der Schütze-Sternzeichen den Eindruck, extrovertiert und übersprudelnd zu sein, wenn er jemanden zum ersten Mal trifft. Sie wirken reizbar, lebenslustig und optimistisch. Selbst wenn sie nur durch einen Laden gehen, bemerken Fremde wahrscheinlich den Schwung in ihrem Schritt. Das liegt zum Teil auch an ihrer körperlichen Erscheinung. Der Schütze im Aufgang hat in der Regel lange, wohlgeformte Beine und ausgeprägte Hüften. Man sagt auch, dass sie von Natur aus schöne Zähne haben, was ihr Lächeln sehr angenehm macht. Ein Schütze im

Aufgang ist wahrscheinlich sehr an Mode interessiert und mag Athleisure, Boho und Streetwear.

- **Steinbock Aufsteigend**: Der Steinbock ist sich der Bedeutung des ersten Eindrucks bewusst und ist in der Regel sehr gut vorbereitet, wenn er weiß, dass er jemand Neues kennenlernen wird. Ihre Mühe zahlt sich aus; Fremde nehmen an, dass sie verantwortungsbewusst, reif, engagiert und intelligent sind. Äußerlich sehen diese Sternzeichen ein bisschen aus wie Morticia Addams, komplett mit den Hexenhänden und der intelligenten, aber sexy Ausstrahlung. Ihr Haar ist in der Regel sehr dicht und dunkel, und sie haben in der Regel mehr Körperbehaarung als die meisten anderen. Stile wie sophisticated-sexy und casual-grunge passen zu ihrer dunklen, aber intelligenten Persönlichkeit.

- **Wassermann Aufsteigend**: Ob sie es versuchen oder nicht, der Wassermann fällt *immer* auf. Irgendetwas an ihnen scheint einzigartig zu sein und zieht die Blicke auf sich. Vielleicht kleiden sie sich auffällig, haben keine Angst davor, in der Öffentlichkeit zu singen oder zu tanzen, oder sie tragen sich einfach so, dass sie anderen signalisieren, dass es sich um eine individualistische, innovative Person handelt. Dieses Zeichen scheint Figuren wie Phoebe aus "Friends" sehr ähnlich zu sein. Sie sind oft blond und blass, oder blass im Vergleich zum Rest ihrer Familie. Sie fühlen sich in der Regel zu Gelb- und Blautönen hingezogen und tragen diese Farben häufig, und sie scheuen sich nicht davor, in der von ihnen gewählten Mode besonders ausdrucksstark zu sein. Eklektische Stile sind *definitiv* ihre Spezialität.

- **Fische im Aufgang**: Die Fische haben einen verträumten, *weltfremden* Blick. Sie tragen sich auf eine leichte, luftige Art und Weise, die den Anschein erweckt, als ob ihr Kopf in den Wolken schwebt, obwohl sie auch sehr mitfühlend, freundlich und nachdenklich wirken. Wahrscheinlich wirken sie anfangs auch recht zurückhaltend. Menschen mit dieser Stellung haben in der Regel sehr große, lebhafte Augen, die vielleicht ein wenig weit auseinanderstehen, und Haare, die wie vom Winde verweht wirken. Da Neptun die Füße regiert, sind sie vielleicht Schuhfanatiker oder gehen gerne zur Pediküre. Sie mögen wahrscheinlich Stile wie Boho-Lax, Athleisure oder sogar Vintage-Stile wie den 80er-Jahre-Jock.

Kapitel 4: Weitere Vermittlungen

Außerhalb unserer "Big 3" können wir uns durch die Anwesenheit anderer Himmelskörper und astronomischer Konzepte beeinflusst fühlen. Manchmal werden wir sogar von Kometen und Asteroiden beeinflusst! Um die übrigen Platzierungen zu verstehen, müssen wir einfach wissen, was jeder Planet oder Himmelskörper symbolisiert, und dann können wir seine Botschaft auf der Grundlage des Zeichens interpretieren, in dem er steht.

Planetarische Platzierungen

Quecksilber

Merkur, der Herrscher der Zwillinge und der Jungfrau, symbolisiert den Intellekt, den Verstand, das logische Denken und die Sprache. Wo auch immer dieser Planet in Ihrem Horoskop steht, kann er Ihnen Aufschluss darüber geben, welche Art von Intelligenz in Ihnen steckt. Können Sie sich durch Schreiben, Kunst oder Musik besser ausdrücken? Sind Sie in den naturwissenschaftlichen Fächern am besten, oder glänzen Sie in Mathematik? Merkur hilft uns, all diese Dinge zu bestimmen. Wenn Sie also Schwierigkeiten haben, Ihre Nische im Leben zu finden oder eine Berufswahl zu treffen, wäre es hilfreich, Ihre Merkurstellung zu untersuchen, um zu sehen, wo Sie brillieren. Er kann Ihnen auch Aufschluss über Ihren Kommunikationsstil geben. Es ist also interessant, diese Stellung mit dem Merkur Ihres Partners zu vergleichen, um zu sehen, wie Ihre Dynamik bei einer Konfrontation funktionieren wird.

Jemand, dessen Merkur in Löwe steht, hat zum Beispiel wahrscheinlich ein leichtes Spiel, wenn es darum geht, soziale Dramen zu bewältigen und für sich selbst und andere den Cheerleader zu spielen. Sie können sehr gut mit Komplimenten und Schmeicheleien umgehen; sie wissen, was sie gerne hören möchten, also sagen sie das zu anderen, damit diese sich gut fühlen! Ebenso hat jemand mit seinem Merkur im Skorpion die angeborene Fähigkeit zu verstehen, wie Worte auf andere wirken, so dass er sehr gut darin ist, Dinge sorgfältig zu formulieren und Worte zu seinem Vorteil einzusetzen. Stier-Merkure haben ein sicheres Gespür für Logik und gesunden Menschenverstand, weil sie Zugang zu den geerdeten und hartnäckigen Entscheidungsprozessen des Stiers haben.

Venus

Wenn du dein Geburtshoroskop mit dem deines Schwarmes vergleichst, schaue nicht auf dein Sonnenzeichen, um eure Kompatibilität zu beurteilen, sondern auf deine Venus! Als Herrscherin von Stier und Waage symbolisiert die Venus unser Liebesleben, unseren Sinn für Schönheit und das, was uns anzieht. Sie kann uns auch unsere langfristigen Ziele in der Liebe verraten, z. B. ob wir eine Familie gründen wollen oder nur auf der Suche nach einer schönen Zeit sind. Venus kann uns auch Details über andere Aspekte unseres sozialen Lebens verraten, wie zum Beispiel die Dinge, die wir in Freundschaften suchen, und die Art von Menschen, zu denen wir uns in einer Gruppe von Fremden sofort hingezogen fühlen. Und da sie unseren Sinn für Schönheit bestimmt, könnte unsere Vorliebe für bestimmte Kleidungsstile durch unsere Venusstellung beeinflusst werden. Wenn Sie sich mit den unter Ihrem aufsteigenden Zeichen aufgeführten Stilen nicht identifizieren können, ist Ihre Venus vielleicht besonders stark und hat Ihren Modegeschmack beeinflusst!

Der Widder ist ein wetteiferndes Zeichen, das sich nach Aufregung sehnt, so dass jemand mit einer Widder-Venus am Anfang einer Beziehung definitiv gerne jagt (oder gejagt wird!). Sie brauchen auch viel Spaß, wenn die Beziehung gefestigt ist, damit sie interessiert bleiben. Auf der anderen Seite des Spektrums möchte ein ängstlicher Krebs lieber mit jemandem zusammen sein, der ihm ein Gefühl der Sicherheit vermittelt. Ein Krebs-Venus wird sich nur mit jemandem verabreden, mit dem er das Gefühl hat, dass er eine Familie gründen könnte, und er wird keinen Herzschmerz riskieren. Der optimistische und lustige Schütze ist immer auf der Suche nach einer guten Zeit, daher wird sich eine Schütze-Venus zu jemandem hingezogen fühlen, der sie zum Lachen bringt und sie auf lustige Reisen mitnehmen kann.

Mars

Mars, der Herrscher des Widders, symbolisiert alle Teile der Menschheit, die noch animalisch und ursprünglich sind. Er steht für unseren Überlebensinstinkt, unsere Aggression und unsere Energie. Unsere Mars-Stellung verrät uns, welche Dinge uns aufregen, und sie verrät uns auch, wie wir uns verhalten, wenn wir verärgert worden sind. Obwohl viele Menschen den Mars so behandeln, als würde er nur unsere Aggression kontrollieren, arbeitet dieses Zeichen auch mit der

Venus zusammen, um die andere Hälfte unseres Liebeslebens zu beschreiben. Während die Venus uns zeigt, was uns anzieht und was wir schön finden, verrät uns die Stellung des Mars etwas über unsere ursprünglicheren Wünsche, sexuellen Triebe und die körperliche Chemie. Wenn Sie wissen wollen, ob Sie mit jemandem für einen One-Night-Stand oder für eine langfristige Beziehung zusammenpassen, ist es vielleicht besser, auf Ihre Mars-Plazierungen zu achten als nur auf Ihre Venus.

Jemand mit einem Zwillinge-Mars braucht eine ständige Stimulation, um sich engagiert und konzentriert zu fühlen und sein Bestes zu geben. Sie müssen wahrscheinlich schnell von einer Aufgabe zur nächsten springen, wenn sie etwas auf ihrer To-Do-Liste erledigen wollen. Sie müssen auch ihre Beziehungen oft aufpeppen, besonders im Schlafzimmer. Jemand mit seinem Mars in der Waage regt sich dagegen extrem auf, wenn er gezwungen wird, sich in einer Situation oder einem Streit für eine Seite zu entscheiden, vor allem, wenn er in dieser Frage lieber neutral bleiben würde. Sie hassen es, die Dinge in Schwarz-Weiß zu sehen, und können wütend werden, wenn Grau nicht in Frage kommt. Mars im Steinbock verspürt manchmal ein instinktives Bedürfnis nach Kontrolle, aber wenn er diesen Drang im Zaum halten kann, ist er in der Lage, seine Wut als Antrieb für Aktionen, Planung und Veränderungen zu nutzen.

Jupiter

Jupiter symbolisiert unsere Hoffnungen, Träume und unser Potenzial zur Expansion. Es ist kein Wunder, dass der Schütze mit einem Planeten wie Jupiter als Herrscher so optimistisch ist! Wenn wir uns unsere Jupiterstellung ansehen, erfahren wir etwas mehr über unsere verborgenen Fähigkeiten und die Verhaltensweisen, die uns helfen, im Leben voranzukommen. Jupiter verleiht uns auch die Leidenschaft, die wir brauchen, um nach Geld zu streben und uns in unserem Beruf zu qualifizieren, so dass sich viele der Dinge, die Sie begeistern und motivieren, auch in Ihrer Jupiterstellung widerspiegeln. Jupiter ist jedoch nicht immer positiv. Dieses Zeichen zeigt uns auch die Dinge, die uns eingebildet oder egozentrisch machen können, wenn wir zu viel davon haben. Wenn Sie sich fragen, warum sich eine unangenehme Person so verhält, wie sie es tut, *könnte* ihr Jupiter-Zeichen viel von ihrem Verhalten erklären!

Jemand mit seinem Jupiter im Wassermann wird zum Beispiel durch Dinge motiviert, die seltsam oder ungewöhnlich sind. Sie wollen vielleicht etwas ausprobieren, nur weil es vorher noch nicht ausprobiert wurde. Sie sind mit einer natürlichen Neugierde und einem extrem offenen Geist gesegnet. Allerdings müssen sie darauf achten, dass sie sich nicht aufgrund dieser Einzigartigkeit für etwas Besonderes halten. Jemand, dessen Jupiter im Krebs steht, ist sehr motiviert, sich um andere zu kümmern oder anderen gegenüber fair zu sein, so dass er in seinem Beruf gute Leistungen erbringt, wenn er das Gefühl hat, dass es um Fairness geht. Wenn sie sich jedoch zu sehr in diesem Bestreben verfangen, können sie nicht bereit sein, sich zu verändern und neue Dinge auszuprobieren. Schließlich ist Jupiter in Widder motiviert durch Wettbewerb, Lernmöglichkeiten und die Chance, eine Führungsrolle zu übernehmen. Sie würden *jeden* Job lieben, bei dem es die Möglichkeit gibt, aufzusteigen. Sie können auch zu riskantem Verhalten neigen oder zu viele Projekte auf einmal beginnen, ohne eines davon zu beenden.

Saturn

Saturn, der Herrscher des disziplinierten Steinbocks, symbolisiert Gesetz, Verantwortung und Ehrgeiz. Er ist auch ein sehr bodenständiger Planet und sagt uns etwas über die Realität unseres Lebens. Er veranschaulicht oft die Art von Hindernissen, mit denen wir konfrontiert werden, die Art von Fragen, die wir uns stellen müssen, und vieles mehr. Saturn ist immer ein sehr hilfreicher Lehrer. Unabhängig davon, wo wir im Leben stehen oder was wir vorhaben, kann ein Blick auf unsere Saturnstellung für unser gesamtes Wachstum von Nutzen sein. Wenn Sie die Lektion kennen, die Saturn für Sie bereithält, werden Sie sicherlich große Verbesserungen in Ihrem Leben sehen und bereit sein, das nächste Abenteuer in Angriff zu nehmen! Es mag nicht einfach sein, zumal Saturn dazu neigt, große, philosophische Fragen zu stellen, aber es wird sich lohnen!

Wenn Ihr Saturn in den Fischen steht, dann kann es für Sie eine Herausforderung sein, sich emotional zu öffnen. Obwohl sich alle deine Freunde und Gleichaltrigen an dich wenden, wenn sie emotionale Hilfe brauchen, fällt es dir schwer, selbst um Hilfe zu bitten. Saturn versucht, dich zu ermutigen, dich zu öffnen und die Hilfe anzunehmen, die du verdienst. Der Löwe ist ein lebenslustiger Mensch. Jemand, dessen Saturn in Löwe steht, hatte in der Vergangenheit vielleicht große Schwierigkeiten, Spaß zu haben. Vielleicht mussten sie zu schnell erwachsen werden oder wurden wegen der Dinge, die ihnen Spaß machten, schikaniert. Saturn möchte, dass du dich wieder mit deinem inneren Kind verbindest und wieder lernst, Spaß zu haben! Stiere lieben materielle Besitztümer und fühlen sich am wohlsten, wenn sie von schönen Dingen umgeben sind. Jemand, dessen Saturn in Stier steht, hat entweder überhaupt keine materialistischen Neigungen und wird dazu aufgefordert, sich selbst ein wenig zu verwöhnen, oder er hängt zu sehr am Geld und definiert seinen Wert danach, wie viel Reichtum er anhäuft. Wenn das der Fall ist, möchte Saturn, dass sie erkennen, dass sie mehr wert sind als ihr Bankkonto.

Uranus

Uranus, der Herrscher des futuristischen Wassermanns, symbolisiert unvorhersehbare Veränderungen und plötzliche Ereignisse. Uranus ändert seinen Kurs sehr langsam, daher sagt er oft eher Generationenwechsel als persönliche Veränderungen voraus. So wird sich Uranus beispielsweise von 2021 bis 2026 im Stier befinden. Dennoch können wir Uranus in unseren Horoskopen betrachten, um zu sehen, wie unser individuelles Leben von plötzlichen Veränderungen betroffen ist. Uranus ist die *perfekte* Stellung für alle, die gerne planen oder die Zukunft vorhersagen wollen; er verrät uns alles über das Unerwartete und über wichtige kommende Trends. Astrologen haben seine Stellung in der Vergangenheit genutzt, um die Entwicklung neuer Technologien und vieles mehr vorherzusagen!

Alle, die zwischen 1995 und 2003 geboren sind, haben ihren Uranus im Wassermann. Das ist nicht verwunderlich, denn der Wassermann ist zukunftsorientiert und kreativ, und die Menschen, die zwischen diesen Jahren geboren sind, haben nie eine Zeit ohne das Internet erlebt. Sie neigen auch dazu, fortschrittlichere Ideale zu haben und denken immer über die Zukunft und die Menschheit als Ganzes nach. Uranus befand sich von 1981 bis 1988 im Sternzeichen Schütze. Der Schütze ist ein Wegbereiter und so sind auch die Menschen, die in dieser Zeit geboren wurden. Sie stellen den Großteil der älteren Millennials, die unsere Bildungssysteme umgestalten und den Nine-to-Five-Job ablehnen. Und in den Jahren 2003 bis 2011, als Uranus in den Fischen stand, gab es in der Welt offenere Diskussionen über Heilung, geistige Gesundheit und Spiritualität. Das passt zu den sanften, spirituell geprägten Fischen!

Neptun

Neptun, der Herrscher der Fische, ist der Planet der Träume, der Wahnvorstellungen und der Inspiration. Er hat einen großen Einfluss auf die Künste, einschließlich Tanz, Musik und Poesie, und sein Umlauf korrespondiert mit vielen Kunstbewegungen im Laufe der Geschichte. Neptun bewegt sich extrem langsam; er braucht etwa 146 Jahre, um die 12 Tierkreise zu durchlaufen und verbringt in jedem etwa 14 Jahre. Neptun befindet sich derzeit in seinem Geburtszeichen Fische, wo er sich seit 2011 befindet und bis 2025 bleiben wird. Das bedeutet, dass viele Menschen in dieser Zeit vielleicht auf Eskapismus zurückgreifen, um mit der Realität fertig zu werden, was angesichts der jüngsten Verbesserungen bei Videospielen, Filmgrafiken und vielem mehr durchaus Sinn macht. Danach wechselt das Zeichen in den Widder, was bedeutet, dass die Menschen ihre Überzeugungen selbstbewusster vertreten und eher bereit sind, für das einzustehen, was richtig ist. Auch die Kunst könnte eine neue Form annehmen und sozusagen "offener" werden.

Pluto

Pluto, der Herrscher des Skorpions, wurde eigentlich erst 1930 entdeckt und 2006 zum "Zwergplaneten" degradiert, aber Astrologen behaupten, dass seine Anziehungskraft stark genug ist, um den Tierkreis und die Art und Weise, wie wir Astrologie verstehen, immer noch zu beeinflussen. Pluto ist ein Planet der Macht, und er verleiht dem Zeichen, in dem er sich gerade befindet, viel Kraft. Zum Beispiel war Pluto von 1995 bis 2006 in Schütze, und er hatte auch auf alle anderen Feuerzeichen zusätzlichen Einfluss. In dieser Zeit wurden viele Unwahrheiten und Lügen verbrannt, aber auch neue Wahrheiten kamen zum Vorschein. Das hängt mit der natürlichen Neugierde und dem Wissensdrang der Schützen zusammen. Seitdem befindet sich Pluto im Steinbock und wird dort bis 2024 bleiben. Das letzte Mal, als Pluto hier war, geschah dies während der amerikanischen Revolution, als die Menschen das Streben nach Glück" betonten und der Freiheit und den Wünschen des Einzelnen große Bedeutung beimaßen. Seitdem ist das Glück schwer zu finden, und Pluto zeigt wieder einmal, wie unglücklich die Menschen in unserem derzeitigen System sind. Hier hat sich die Disziplin des Steinbocks negativ ausgewirkt, und Pluto macht uns darauf aufmerksam.

Andere Himmelskörper

An unserem Himmel gibt es mehr als nur die Sonne und die anderen Planeten in unserem Sonnensystem! Unser Universum ist riesig und enthält eine enorme Anzahl von verschiedenen Objekten, von denen einige nahe genug sind, um bei der Deutung eines Tierkreises berücksichtigt zu werden. Darüber hinaus gibt es bestimmte mathematische Punkte wie die "Lilith", die dazu dienen, bestimmte Eigenschaften unserer Persönlichkeiten zu bestimmen.

Lilith

Dieses geheimnisvolle Zeichen ist eigentlich gar kein Hinweis auf einen physischen Orientierungspunkt. Stattdessen handelt es sich um einen mathematischen Punkt, der mit dem Mondzyklus zusammenhängt. Der Mond bewegt sich in einer elliptischen Form um die Erde, was bedeutet, dass er manchmal recht weit von uns entfernt ist, manchmal aber auch deutlich näher. Unabhängig von der Position des Mondes können wir berechnen, wo sein am weitesten entfernter Punkt, das so genannte *Apogäum*, liegen würde. Der Punkt, an dem er sich befindet, wird "Lilith" oder manchmal auch "Schwarzer Mond" genannt. Seine Position sagt uns, wo wir wirklich glänzen und unseren eigenen Weg gehen können, anstatt der Masse zu folgen. Wer zum Beispiel seinen Lilith in der Jungfrau hat, ist immer bereit für eine Katastrophe und in der Lage, unabhängig zu handeln, während andere in ihrer Position erstarren. Wenn ihr Lilith im Steinbock steht, sind sie in der Lage, als Anführer zu handeln und brauchen keine Berater oder rechte Hand, die ihnen bei Entscheidungen helfen, während sie an der Spitze stehen. Und wenn ihre Lilith in den Fischen steht, können sie auf ihre Träume und Intuitionen hören, selbst wenn die ganze Welt ihnen sagt, dass sie falsch liegen.

Kometen

Diese Himmelskörper sind manchmal sehr unberechenbar, so dass es schwierig ist, *genau* zu sagen, welchen Einfluss sie haben werden. Einige von Astrologen durchgeführte Studien über bestimmte Kometen, wie z. B. Panstarrs, zeigen jedoch, dass sie in der Regel einen drastischen, unvorhergesehenen Schock verursachen. Panstarrs flog vom Wassermann in die Fische und verschwand zwischen dem 12. Februar und dem 9. März 2013 im Widder, und in dieser Zeit kam es zu einer Reihe schockierender Ereignisse. Nordkorea und Südkorea beendeten ihre Zusammenarbeit, Papst Benedikt XVI. trat zurück und ein Meteor schlug in Russland ein und verletzte 1.400 Menschen. Dies ist auch ein Muster für mehrere Kometen. Die Suez-Krise begann, als der Komet "Arend-Roland" 1957 am Himmel stand, und das war auch das Jahr, in dem Osama bin Laden geboren wurde. Viele der detaillierten Geburtshoroskop-Rechner, die Sie im Internet finden, enthalten die Positionen der wichtigsten Kometen und geben Ihnen sogar eine Beschreibung dessen, was die Astrologen vermuten, was sein Erscheinen in Ihrem Horoskop bedeutet. Aber im Allgemeinen glauben wir, dass diejenigen, die geboren wurden, während ein Komet am Himmel steht, innovative Denker sind, die sich nicht gegen Veränderungen sträuben, gut unter Druck stehen und bereit sind, fortschrittlichere Ansichten zu akzeptieren.

Sterne

Es gibt etwa 5.000 sichtbare Sterne an unserem Nachthimmel, und manche Astrologen verwenden bis zu 100 von ihnen, wenn sie Vorhersagen machen oder detaillierte Geburtshoroskope erstellen. Diese Sterne stehen in der Regel für unterschiedliche Dinge und werden verwendet, wenn ihre Beziehung zu einer anderen Position im Horoskop bemerkenswert ist oder in irgendeiner Weise hervorsticht. Der Stern "Aldebaran" zum Beispiel ist der dominierende Stern im Sternbild Stier und ist ein Indikator für Ruhm, Reichtum und Popularität, könnte aber auch einen gewaltsamen Tod vorhersagen. Bei John F. Kennedy stand Aldebaran in Konjunktion zu seiner Sonne, und bei seinem Sohn John F. Kennedy Jr. stand er in seinem aufsteigenden Zeichen. Beide starben eines gewaltsamen, grausamen Todes, waren aber zu Lebzeiten sehr berühmt. Antares" ist der Alpha-Stern im Schützen und steht für Abenteuerlust und Mut, aber auch für mehrere Ehen, plötzlichen Verlust und Verletzungen der Augen. Brittney Spears, Woody Allen und Bette Midler haben alle Antares in Konjunktion zu ihrem Sonnenzeichen.

Kapitel 5: Die Verwendung des Tierkreises

Jetzt, wo Sie wissen, was die verschiedenen Platzierungen und die 12 Zeichen bedeuten, fühlen Sie sich vielleicht bereit, dieses Wissen zu Ihrem Vorteil zu nutzen. Der Tierkreis ist mehr als nur ein Persönlichkeitstest oder ein cooler Trick, den man auf Partys vorführen kann; er kann auch ein Hilfsmittel sein, das dir an verschiedenen Punkten deines Lebens hilft. Ganz gleich, ob Sie sich eine neue Liebe suchen, sich auf verschiedene Jobs bewerben oder einfach nur nach einer Möglichkeit suchen, Ihr tägliches Leben zu verbessern - die Astrologie hat eine Antwort für Sie. Ich werde eine Reihe verschiedener Methoden vorstellen, mit denen Sie Ihr neues astrologisches Wissen auf einfache und für Anfänger zugängliche Weise nutzen können. Insbesondere werde ich die Verwendung von Kristallen, grundlegende Konzepte der Zeichen-Kompatibilität und zeitbezogene Konzepte wie Rückläufigkeit und Rückläufigkeit besprechen.

Kristalle

Selbst wenn Sie *gerade erst* mit Ihrer spirituellen Reise beginnen, haben Sie vielleicht schon von den magischen Kräften der Kristalle gehört. Kristalle und Steine sind *riesige* Energiemagneten, und sie können dir helfen, eine bestimmte Energie anzuziehen, die du dir wünschst. Einen Kristall in der

Tasche, neben dem Bett oder als Meditationshilfe zu haben, ist eine fantastische Möglichkeit, Ihre Wünsche zu manifestieren. Du kannst bestimmte Kristalle je nach deinen aktuellen Wünschen auswählen oder du kannst deine Gesamtenergien ausgleichen, indem du einen Kristall wählst, der mit deinem Sternzeichen in Resonanz steht. Dabei können Sie Ihren Sonnenstand für eine allgemeine Verbesserung nutzen, oder Sie können auf eine andere Position abzielen, indem Sie einen Stein wählen, der dafür am besten geeignet ist. Sind Ihre Emotionen unberechenbar geworden? Vielleicht sollten Sie versuchen, Ihre Mondplatzierung auszugleichen!

- **Widder**: Ein Widder, der sein Feuer verloren hat, ist deprimiert, ängstlich und oft sehr müde. Um dieses Zeichen wieder zu entfachen, versuchen Sie es mit roten Steinen wie Karneol und rotem Jaspis oder mit Steinen mit viel Sonnenenergie, wie dem Citrin.

- **Stier**: Stiere sind am besten, wenn ihre Energie ruhig und gesammelt ist und nicht stur und starrköpfig. Steine, die sie entspannt halten, wie Amazonit, Selenit und Rauchquarz, werden ihnen helfen, sich erstaunlich zu fühlen.

- **Zwillinge**: Obwohl dieses Zeichen extrovertiert und temperamentvoll ist, bewegen sich ihre Gedanken manchmal zu schnell und machen sie anfällig für extreme Angstzustände. Einige Kristalle, die dies lindern können, sind Shungit, Amazonit und Tigerauge.

- **Krebs**: Krebse sind so einfühlsam und sensibel, dass sie stark von Negativität beeinflusst werden, daher brauchen sie Steine, die ihre Energien schützen. Einige gute Optionen sind Selenit, Labradorit und roter Jaspis.

- **Löwe:** Der stolze, dramatische Löwe neigt dazu, den Kopf zu sehr in den Wolken zu haben und die Realität aus den Augen zu verlieren. Um dies zu verhindern, sorgen erdende Steine wie Tigerauge, Rosenquarz und Granat dafür, dass er mit anderen in Verbindung bleibt.

- **Jungfrau:** Jungfrauen sind oft in ihrem Perfektionismus gefangen und brauchen eine Erinnerung daran, dass sie mit den Dingen zufrieden sein können, wie sie sind. Steine wie Amazonit, Amethyst und Fluorit können ihnen dabei helfen.

- **Waage:** Waagen fühlen sich am wohlsten, wenn sie von Abenteuern und Lachen umgeben sind. Daher passen sie gut zu Steinen, die ihnen helfen, sich sicher zu fühlen, während sie neue Dinge verfolgen. Tigerauge, Amethyst und Blutstein könnten gut passen.

- **Skorpion:** Der Skorpion, der sowohl entschlossen als auch sensibel ist, könnte etwas Hilfe gebrauchen, um seine Energie im Gleichgewicht zu halten und sicherzustellen, dass er *genau* so unabhängig bleiben kann, wie er es sein möchte. Steine wie rosa Turmalin, Amethyst und K2 können ihm dabei helfen.

- **Schütze:** Als Liebhaber von Abenteuern, Reisen und Erlebnissen ist Burnout der schlimmste Feind des Schützens. Sie arbeiten am besten mit Steinen, die sie auftanken und schützen, wie Lepidolith, Rauchquarz und Shungit.

- **Steinbock**: Steinböcke streben *immer* danach, die Besten zu sein, alles zu erreichen, was sie im Leben wollen, und das alles mit Stil. Sie können auch sehr hart zu sich selbst sein, wenn sie nicht alles *perfekt* machen können, daher werden ihnen Steine der Selbstliebe wie Rosenquarz, Granat und Rauchquarz sehr helfen.

- **Wassermann**: Der Wassermann blickt immer in die Zukunft, und obwohl das oft eine gute Sache ist, kann er dabei aus dem Gleichgewicht geraten und die Gegenwart aus den Augen verlieren. Sie werden Steine zu schätzen wissen, die sie erden, aber dennoch mit ihrem höheren Selbst verbunden bleiben, wie Lepidolith, Amethyst und Turmalinquarz.

- **Fische**: Fische sind wie Schützen Burnout-gefährdet, allerdings in einem emotionalen und spirituellen Sinn. Sie brauchen Kristalle, die ihnen helfen, ihre Energie hoch zu halten und gleichzeitig sich selbst auszudrücken, wie z.B. Klarquarz, Karneol und Chrysokoll.

Kompatibilität

Viele Menschen beschäftigen sich mit der Astrologie, weil sie wissen wollen, wie sie die Kompatibilität zwischen Menschen einschätzen können. Ganz gleich, ob sie nach einer neuen Liebe oder nach Freunden suchen oder sich fragen, wie gut sie mit ihren Kollegen auskommen werden - es ist manchmal schwierig, sich in sozialen Situationen zurechtzufinden, und die Astrologie kann dabei sicherlich ein hilfreiches Instrument sein. Denken Sie daran, dass es nicht *immer* hilfreich ist, nur Ihr Sonnenzeichen zur Beurteilung der Kompatibilität heranzuziehen. Ziehen Sie Ihr Venuszeichen heran, wenn es um die Liebe geht, und Ihren Mars, wenn Sie sich für das Schlafzimmer interessieren. Für eher platonische Beziehungen können auch Ihre Mondzeichen besonders relevant sein. Denken Sie auch daran, dass das Tierkreiszeichen *nicht* in Stein gemeißelt ist. Wenn zwei Menschen entschlossen sind, eine Beziehung zu führen, *kann* sie normalerweise auch funktionieren! Hier sind also die grundlegenden Kompatibilitäten zwischen den Sternzeichen:

- **Widder**: Am besten kompatibel mit Zwillingen und Wassermännern, am wenigsten kompatibel mit Krebs und Steinbock.

- **Stier**: Am besten kompatibel mit Krebs und Fische, am wenigsten kompatibel mit Löwe und Wassermann.

- **Zwillinge**: Am besten kompatibel mit Widder und Löwe, am wenigsten kompatibel mit Jungfrau und Fische.

- **Krebs**: Am besten kompatibel mit Stier und Jungfrau, am wenigsten kompatibel mit Widder und Waage.

- **Löwe**: Am besten kompatibel mit Zwillinge und Waage, am wenigsten kompatibel mit Skorpion und Stier.

- **Jungfrau**: Am besten kompatibel mit Krebs und Skorpion, am wenigsten kompatibel mit Zwillinge und Schütze.

- **Waage**: Am besten kompatibel mit Löwe und Schütze, am wenigsten kompatibel mit Krebs und Steinbock.

- **Skorpion**: Am besten kompatibel mit Jungfrau und Steinbock, am wenigsten kompatibel mit Löwe und Wassermann.

- **Schütze**: Am besten kompatibel mit Waage und Wassermann, am wenigsten kompatibel mit Jungfrau und Fische.

- **Steinbock**: Am besten kompatibel mit Skorpion und Fische, am wenigsten kompatibel mit Widder und Waage.

- **Wassermann**: Am besten kompatibel mit Widder und Schütze, am wenigsten kompatibel mit Stier und Skorpion.

- **Fische**: Am besten kompatibel mit Stier und Steinbock, am wenigsten kompatibel mit Zwillinge und Schütze.

Planetarische Rückkehr

Da sich die Planeten in einem Zyklus bewegen, gibt es mehrere Punkte in Ihrem Leben, an denen ein Planet in genau dieselbe Position zurückkehrt, in der er sich am Tag Ihrer Geburt befand. In der Astrologie werden diese Momente als "Wiederkehr" bezeichnet, und je nachdem, welcher Planet zurückkehrt, haben sie eine Reihe von mystischen Eigenschaften. Im Allgemeinen stehen sie für einen Neuanfang, eine Chance zum Wachstum oder eine neue Gelegenheit. Betrachten Sie sie als eine weitere Geburt für den Aspekt des Lebens, den der Planet symbolisiert. Rückläufige Planeten sind besonders hilfreich für jeden, der die Astrologie nutzt, denn sie helfen Ihnen, den besten Zeitpunkt zu bestimmen, um neue Dinge in Angriff zu nehmen. Möchten Sie sich wieder verabreden, wissen aber nicht, wann der richtige Zeitpunkt dafür ist? Vielleicht sollten Sie bis zu Ihrer Venus-Wiederkehr warten, bevor Sie die Dating-App erneut herunterladen.

Einige Wiederkehrer kommen sehr häufig vor, wie zum Beispiel der "Lunar Return". Diese findet einmal im Monat statt. Andere kehren ebenfalls monatlich zurück, wie die Sonne, Merkur und Venus. Andere brauchen mehrere Jahre, um zu erscheinen. Die oft gefürchtete "Saturn-Wiederkehr" findet zum Beispiel nur alle 29,5 Jahre statt, während unsere Jupiter-Wiederkehr alle 12-13 Jahre erfolgt.

Lassen Sie uns die einzelnen Auswirkungen der einzelnen Rückführungen besprechen. Die solare Rückkehr findet einmal im Jahr um den Monat Ihres Geburtstags statt. Haben Sie jemals das Gefühl, dass Sie um Ihren Geburtstag herum eher bereit sind, neue Dinge auszuprobieren oder sich neue Ziele zu setzen? Das liegt daran, dass die Sonne Ihnen die Chance gibt, Ihr Leben neu zu gestalten, sobald sie wieder in Ihrer Jahreszeit ist. Die Mondrückkehr findet 13 Mal im Jahr statt, wenn der Mond wieder in die gleiche Phase eintritt, in der er sich bei Ihrer Geburt befand. Das kann eine gute Gelegenheit sein, um Ihre Standardemotionen zurückzusetzen" und das Thema für den kommenden Monat festzulegen. Die Merkur-Wiederkehr findet einmal im Jahr statt, und zwar in der Regel um dieselbe Zeit wie Ihr Geburtstag, aber normalerweise nicht am selben Tag. Er kündigt einen neuen Kommunikationsstil, eine neue Art, sich auszudrücken, und die Möglichkeit an, neue Erkenntnisse zu gewinnen. Die Venus-Rückkehr findet ebenfalls einmal im Jahr statt, kann aber sehr weit von unseren Geburtstagen entfernt sein. Es ist die beste Zeit, um neue Beziehungen sowohl romantischer als auch platonischer Natur zu suchen. Die Mars-Wiederkehr findet alle 1,5-2 Jahre statt und kann den Wechsel von Leidenschaften, Hobbys und Motivationen symbolisieren. Unsere erste Jupiter-Wiederkehr findet zu Beginn der Pubertät statt und geht in der Regel mit wichtigen Meilensteinen, Wachstum und Entwicklungen einher. Die gefürchtete "Saturn-Wiederkehr" findet zu einem Zeitpunkt in unserem Leben statt, an dem wir dazu neigen, unsere Ziele neu zu bewerten und uns selbst ernst zu nehmen, z. B. wenn wir kurz vor dem Eintritt in die 30er Jahre stehen oder wenn wir auf die 60er Jahre zugehen.

Wenn Sie die Vorteile Ihrer Rückläufe nutzen und sich darauf vorbereiten möchten, können Sie Ihr Rücklaufhoroskop berechnen. Es ähnelt einem Geburtshoroskop, enthält aber spezifische Informationen darüber, *wann* die Planeten in die Positionen zurückkehren werden, die sie bei Ihrer Geburt innehatten.

Rückläufige Planeten

"Planetarische Rückläufigkeiten" sind vielleicht die am meisten gefürchteten und missverstandenen Teile der

Astrologie. Wenn jemand hört, dass ein Planet "rückläufig" ist, egal um welchen Planeten es sich handelt, geht jeder davon aus, dass sein Leben auf den Kopf gestellt wird, bis die Rückläufigkeit vorbei ist. Obwohl manche Rückläufigkeiten ein wenig verrückt sein *können*, sind sie nicht so schlimm, wie viele Menschen denken. Eine Rückläufigkeit liegt vor, wenn sich ein Planet aus unserer Perspektive hier auf der Erde scheinbar rückwärts bewegt. Natürlich bewegen sich die Planeten nicht *wirklich* rückwärts. Es ist eine Illusion, die durch das Muster ihres Zyklus verursacht wird. Stellen Sie sich vor, Sie stehen an der Startlinie eines Rennens, und wenn der Pfiff ertönt, läuft die Person neben Ihnen viel schneller los als Sie selbst. Für einen kurzen Moment haben Sie vielleicht das Gefühl, dass Sie sich rückwärts bewegen, aber nur, weil Ihre Geschwindigkeit von der des anderen abweicht. *Das ist* eine Rückwärtsbewegung; niemand bewegt sich *wirklich* rückwärts, aber es ist verwirrend.

Rückläufige Entwicklungen beeinflussen uns auf ähnliche Weise. Während einer Rückläufigkeit kann das Leben eine besondere Herausforderung für uns bereithalten, die uns das Gefühl gibt, dass wir uns rückwärts bewegen und den Fortschritt verlieren. Lassen Sie sich davon nicht entmutigen; es ist in Wirklichkeit ein versteckter Fortschritt. Sie werden aus dieser Herausforderung lernen und in der Lage sein, noch effektiver voranzukommen, wenn sie bewältigt ist. Eine Rückläufigkeit kann auch ein guter Zeitpunkt sein, um über die Vergangenheit nachzudenken und sich an die Lektionen zu erinnern, die Sie bisher gelernt haben.

Die Sonne und der Mond werden *nie* rückläufig, aber die anderen Planeten schon, und zwar in unterschiedlichem Tempo. Der "rückläufige Merkur" ist sicherlich der bekannteste. Er tritt drei- bis viermal im Jahr auf und dauert jedes Mal etwa drei Wochen. Obwohl Merkur uns normalerweise dazu ermutigt, neue Dinge zu beginnen, ist seine Rückläufigkeit ein Zeichen dafür, dass man innehalten, das bisher Erreichte bewerten und darüber nachdenken sollte. Treffen Sie keine impulsiven Entscheidungen; sie werden mit Sicherheit nach hinten losgehen! Die Venus-Rückläufigkeit, die alle 18 Monate stattfindet, ist eine Gelegenheit, über unsere Beziehungen nachzudenken und alte Beziehungen zu beenden, und die Mars-Rückläufigkeit, die alle 2 bis 2,5 Jahre stattfindet, hilft Ihnen dabei, zu überprüfen, wo Sie Ihre Energie einsetzen. Die gleiche Botschaft gilt für die anderen Planeten; sie haben während einer Rückläufigkeit die entgegengesetzte Bedeutung, aber das bedeutet nicht unbedingt, dass sie negativ sind!

Schlussfolgerung

Danke, dass Sie sich die Zeit genommen haben, ein wenig mehr über Astrologie zu erfahren!

Inzwischen haben Sie ein gutes Grundverständnis für die verschiedenen Sonnen-, Mond- und aufsteigenden Zeichen und für den Einfluss, den jedes von ihnen auf unsere Persönlichkeit und unser Temperament hat.

Durch die Lektüre dieses Buches sollten Sie auch ein besseres Verständnis für Ihre Mitmenschen erlangt haben und wissen, wie Sie am besten mit ihnen auf der Grundlage ihrer astrologischen Zeichen interagieren. Außerdem werden Sie herausfinden, mit welchen Menschen Sie am besten zusammenpassen, sowohl was romantische Beziehungen als auch Freundschaften angeht.

Nochmals vielen Dank, dass Sie sich die Zeit genommen haben, alles über Astrologie zu erfahren. Ich wünsche Ihnen viel Glück auf Ihrem spirituellen Weg!

Referenzen

Astrology. (n.d.). In *Cambridge Dictionary*. https://dictionary.cambridge.org/us/dictionary/english/astrology.

Astrology Planets and their Meanings, Planet Symbols and Cheat Sheet. (2018, January 27). Labyrinthos. https://labyrinthos.co/blogs/astrology-horoscope-zodiac-signs/astrology-planets-and-their-meanings-planet-symbols-and-cheat-sheet

Astrology: Celtic Symbols and Irish Astrology. (2013, January 2). Apanache. https://a-panache.com/irish-claddagh-ring/irish-astrology-symbols/

Brown, M. (2020, September 25). *What Your Moon Sign Means About Your Personality and Life Path*. Shape. https://www.shape.com/lifestyle/mind-and-body/moon-sign-meaning

Brown, M. (2021, February 3). *How to Use Astrology to Judge Your Romantic — and Sexual — Compatibility*. Shape. https://www.shape.com/lifestyle/sex-and-love/astrology-zodiac-signs-compatibility

Campbell, S. (2020, July 8). *A Guide To What Retrograde Actually Means & How Each Planet's Retrograde Affects You*. StyleCaster. https://stylecaster.com/feature/what-does-retrograde-mean-1134829/

Chang, R. (2014, October 30). *Comets in Astrology.* Www.astro.com. https://www.astro.com/astrology/aa_article141030_e. htm

Christoforou, P. (2016, February 13). *How do Astronomy and Astrology Differ?* Astronomy Trek. https://www.astronomytrek.com/how-do-astronomy-and-astrology-differ/

Faragher, A. K. (2019, December 19). *What the Position of Venus in Your Birth Chart Means for You.* Allure. https://www.allure.com/story/venus-birth-chart-planet-of-love

Gat, A., David, S., & Bolen, A. (2019, September 11). *Mercury in the Signs: What Your Mercury Placement Means For You.* Www.vice.com. https://www.vice.com/en/article/8xwx3v/what-does-mercury-in-the-signs-mean-in-my-birth-chart

Geddes, L. (2019, July 31). *The mood-altering power of the Moon.* Www.bbc.com. https://www.bbc.com/future/article/20190731-is-the-moon-impacting-your-mood-and-wellbeing

Geller, L. (2019, June 13). *Why Knowing Your Mars Sign Might Help You Control Your Anger.* Women's Health. https://www.womenshealthmag.com/life/g27912214/mars-sign/?slide=10

Ghaneh, I. (2008, July 14). *What To Expect Astrologically Under Pluto In Capricorn.* Llewellyn Worldwide. https://www.llewellyn.com/journal/article/1566

Grabianowski, E. (2005, May 26). *What is Astrology?* HowStuffWorks. https://entertainment.howstuffworks.com/horoscopes-astrology/question749.htm

Halsted, N. (2020, July 30). *Here's What Your Rising Sign Says About Your Appearance, According To Medical Astrology.* Thought Catalog. https://thoughtcatalog.com/nikki-halsted/2020/07/heres-what-your-rising-sign-says-about-your-appearance-according-to-medical-astrology/

Houlding, D. (n.d.). *Skyscript: The Life & Work of Ptolemy by Deborah Houlding.* Www.skyscript.co.uk. http://www.skyscript.co.uk/ptolemy.html

Jarus, O. (2017, September 8). *Ancient Babylon: Center of Mesopotamian Civilization.* Live Science. https://www.livescience.com/28701-ancient-babylon-center-of-mesopotamian-civilization.html

Keene, B. (2019, May 17). *Written in the Stars: Astronomy and Astrology in Medieval Manuscripts.* Brewminate. https://brewminate.com/written-in-the-stars-astronomy-and-astrology-in-medieval-manuscripts/

Lantz, P. (n.d.). *Stars in Astrology.* LoveToKnow. https://horoscopes.lovetoknow.com/astrology-signs-personality/stars-astrology

Miller, S. (n.d.). *Neptune.* Susan Miller Astrology Zone. https://www.astrologyzone.com/learn-astrology/the-planets/neptune/

Ourisman, J. (2020, July 30). *The Best Crystals for Your Zodiac Sign, According to an Expert*. FabFitFun. https://fabfitfun.com/magazine/crystals-for-your-zodiac-sign/

Planetary Returns. (n.d.). Horoscope.com. https://www.horoscope.com/astrology/returns/

Roberts, T. (2014, July 11). *Jupiter – Meaning and Influence in Astrology*. Insightful Psychics. https://www.insightfulpsychics.com/jupiter-planets-astrology/

Sesay, A. (2020, October 20). *Your Saturn Sign Is Your Cosmic Teacher—Here's How to Find Yours*. Cosmopolitan. https://www.cosmopolitan.com/lifestyle/a34426595/saturn-sign-meaning/

Sesay, A. (2021, March 9). *Your Uranus Sign Knows How You'll Change the World*. Cosmopolitan. https://www.cosmopolitan.com/lifestyle/a35716192/uranus-sign-meaning/

Simone, E. (2019, November 12). *Here's How to Find Your Rising Sign in Astrology*. Allure. https://www.allure.com/story/rising-sign-personality-traits-astrology-ascendant-signs

Temming, M. (2014, July 14). *Astrology vs Astronomy: What's the Difference?* Sky & Telescope. https://skyandtelescope.org/astronomy-resources/whats-difference-astrology-vs-astronomy/

The 12 Animals of the Chinese Zodiac. (n.d.). Mandarinhouse.com. https://mandarinhouse.com/12-animals-of-the-chinese-zodiac

The Sun in Astrology, The Zodiac. (n.d.). Cafeastrology.com. https://cafeastrology.com/sun.html

Theodoros Karasavvas. (2017, April 9). *The 4,000 Year History of Horoscopes: How Astrology Has Been Shaped Throughout the Millennia.* Ancient-Origins.net; Ancient Origins. https://www.ancient-origins.net/history-ancient-traditions/4000-year-history-horoscopes-how-astrology-has-been-shaped-throughout-021321

Weaver, S. (n.d.). *Astrology Careers by Sun Sign | Metaphorical Platypus.* https://www.metaphoricalplatypus.com/fun-stuff/astrology/astrology-careers-by-sun-sign/

Wright, J. (2020, December 30). *What Your Lilith Sign (Aka Your Inner B*tch) Says About You.* PureWow. https://www.purewow.com/wellness/lilith-sign

Zodiac Signs. (2021). Costarastrology.com. https://www.costarastrology.com/zodiac-signs/

www.ingramcontent.com/pod-product-compliance
Lightning Source LLC
Chambersburg PA
CBHW051009140626
46546CB00016B/1373